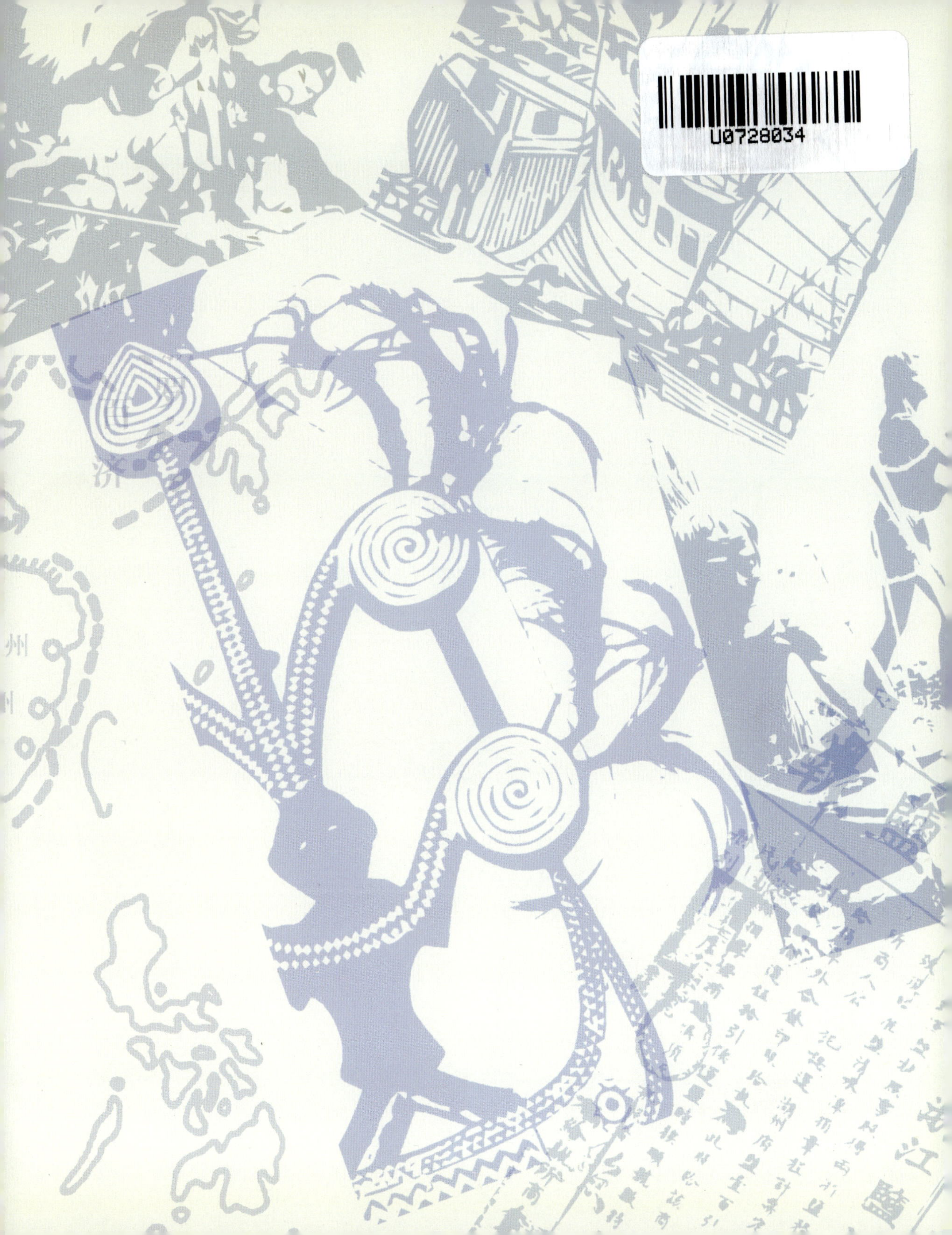

温州
福州

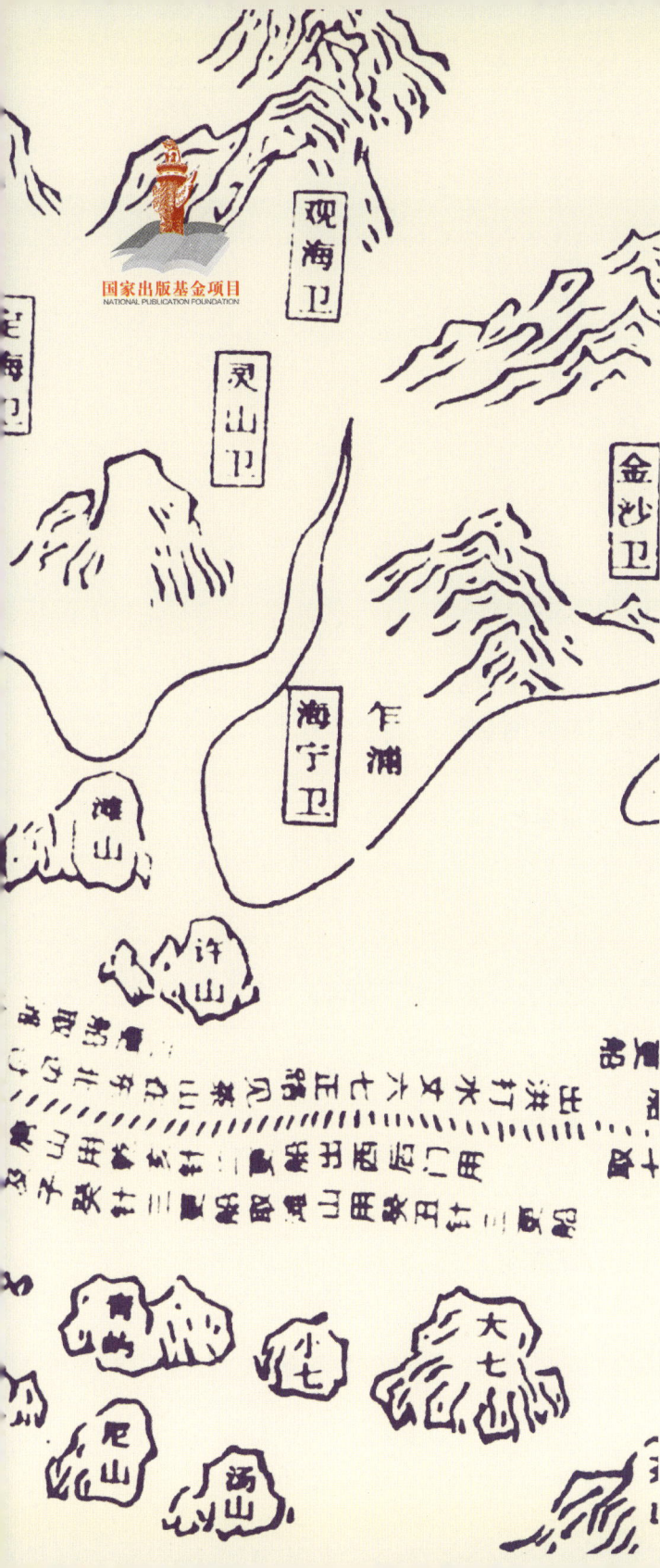

国家出版基金项目
NATIONAL PUBLICATION FOUNDATION

海上丝路

MARINE SILKROAD

修 斌 ◎ 主编

文稿编撰 / 沈 伟　张宁宁

图片统筹 / 张永美

中国海洋大学 出版社
CHINA OCEAN UNIVERSITY PRESS

写在前面

向海而立，洪涛浩荡，船开航兴，千帆竞进，一幅壮丽的海洋画卷跃入眼帘。

俯仰古今，从捕鱼拾贝、聊以果腹，到渔盐之利、舟楫之便，与海相依的族群，因海而生的习俗，我们的祖先与海洋结下不解之缘。

抚今追昔，贝丘遗址，海味浓郁。南海Ⅰ号，穿越古今。一把盐，可以引出背后的传奇；一艘船，可以展现先进的技术；一条丝路，可以沟通东西方文化……

中国海洋文明灿烂辉煌，中国海洋文化源远流长，中国海洋符号精彩纷呈。

本丛书上溯远古，下至清末，通过海洋部落、古港春秋、海盐传奇、古船扬帆、人文印记、海上丝路、勇者乐海，呈现积淀深厚的海洋符号。

海洋部落。 勤劳智慧的人们谋海为生，在世代与海洋的互动中形成了独具族群特色的海洋信仰、风俗习惯。人们接受浩瀚大海的恩赐并与之和谐相处，创造了海神传说、渔家服饰、捕鱼习俗等海洋文化成果。

古港春秋。我国绵长的海岸线上，大小港口众多。历经沧桑的古港，见证了富有成效的中外交往历程；繁华忙碌的航线，展现了古代海洋经济的辉煌成就。

海盐传奇。悠久的盐区盐场历史、可煎可晒的制盐工艺、传奇的盐商故事、丰富的盐业遗产，成就了海盐这一特殊的海洋符号。阅读海盐传奇，一窥海盐业发展的轨迹，明晰海盐文化的脉络，感知海盐与人类生存的息息相关。

古船扬帆。没有船舶与航海，中国历史上就不会有徐福东渡和郑和下西洋，也不会有惊心动魄的海战，更不会有繁盛的海上丝路。回望文献中的海船、绘画中的海船、出水的海船遗物，探寻古代造船与航海的发展轨迹，回味曾经辉煌的历史。

人文印记。历史长河中，中华民族以海为伴，与海洋相互作用，留下许多珍贵的海洋文化遗产。以沿海城市为基点，与海洋相关的历史地理、神话传说、景观习俗等，经久不息，流传至今。

海上丝路。先民搭起木船、扯起风帆，开辟海上丝路。南海航线、东海航线，航路不断拓展。徐福东渡、遣唐使来华，中外人士相互交流。丝绸、瓷器、茶叶，中华瑰宝随船西行。玉米、辣椒、香料，舶来品影响华夏生活。"一带一路"，续写丝路新篇。

勇者乐海。读史品人，以古鉴今。随着早期海洋意识的觉醒，我国历史上的"乐海勇者"，巡海拓疆，东渡传法，谋海兴邦，捍卫海疆。他们不畏艰险，勇于探索，开拓进取，弘扬了中华民族的海洋精神，唤起了全社会的海洋意识，建设海洋强国的宏伟目标因而得以逐步实现。

中国海洋文化既富独特性，又具包容性，不仅是中国文化不可分割的部分，也是世界海洋文化的重要组成。中国拥有怎样的海洋文化，孕育出了哪些海洋符号，从中能探索到哪些海洋文化精神？这套书会带给你启迪。

好吧，来一次走近中国海洋符号、探寻中国海洋文化的精神之旅吧！

前　言

俯瞰中国大陆，海岸线如一条优美的弧线蜿蜒数万里，海岛星星点点散落在辽阔的海洋中，沿海港口林立。从远古时期开始，我国航海事业一度领先世界，先民搭起木船、扯起风帆，开辟了连接东西方的海上航线。这条航线在历史上的鼎盛期持续数百年，沿线千万艘船只满载货物往来于各大港口。先民们凭借无惧风暴的勇气，依靠航船将丝绸、茶叶、瓷器输往世界各地。

海上丝路上发生的动人故事与传说至今为人津津乐道。徐福东渡、法显西行、郑和远航，我们的船队乘风破浪，让友谊之花开遍世界。晁衡仕唐，马可·波罗入元，利玛窦用西方珍宝敲开明朝国门，郎世宁凭高超画技立足清廷，在丝路航船上，他们都曾躺卧船舱听海潮澎湃，想象着异域的精彩世界。帆影重重、船来船往，正是他们不畏狂风巨浪、不畏暗礁险滩，才搭起了一座"千年通有无，万里扬中华"的友谊之桥。

如今，古老的海上丝路已经沉寂百余年，散落的海上丝路遗迹掩藏着昔日的辉煌。南海神庙传达着人们对海神的敬畏，板桥镇回溯着古胶州往日的繁盛，波斯巷、高丽馆、琉球馆则曾为来华贸易、朝贡的人们提供休憩的场所。在彼时的东方古镇，人们已经见惯了金发碧眼的外国人和异域浓烈的缤纷色彩。

这条海上航线，是丝绸之路、是陶瓷之路，也是文明之路、友谊之路。中华文化在其间绵延深远，秦汉风骨、大唐古韵、宋元华章，穿越历史风尘依旧流传。站在新的历史发展起点上，海上航线在"一带一路"的伟大战略构想中又迎来了新的发展契机。

海上丝路之名

丝路之名　2

丝路概观　7

海上丝路史话

秦汉海上航线的开辟与
倭奴金印　18

魏晋南北朝时对海洋的探索
与法显远航　28

隋唐五代名港的兴起
与鉴真东渡

36

宋元海上丝路盛况
与四大发明西传

48

明代海禁政策与
西方殖民者东来

56

清代海权的沦丧与
清宫中的外国人

66

海上丝路听潮

漂洋过海相互交流　76

航船上的瑰宝　96

海上丝路遗迹

116

"21 世纪海上丝绸之路"　　138

海上丝路新图　　139

海上新丝路　扬帆中国梦

142

后 记　　143

海上帆船

海上丝路之名

伴随着声声驼铃一路向西，见惯了大漠孤烟、长河落日，凿空了崇山峻岭、高原峡谷、沙漠盆地间的阻塞，陆上丝绸之路成为东西方贸易的重要通道。

伴随着重重帆影破浪前行，看惯了碧海蓝天、海上风雨，躲过了暗礁险滩、狂风巨浪、异域冲突的艰险，东海丝路沟通东亚各国，南海丝路远达重洋。

丝绸、茶叶、瓷器……依靠驼载、依靠船运，传至遥远的西方世界。

周秦礼乐、汉唐风骨、宋元华章……中华文化绵延深远。

丝路之名

夕阳余晖下,驼铃声声,一支支驼队背负着灿若明霞的丝绸,行走在苍凉辽阔的大漠之中,一幅古代丝绸之路的繁盛景象在我们眼前徐徐展开;旭日光环中,浩浩荡荡的船队,满载着精美绝伦的瓷器,航行在波涛汹涌的大海之上,这是古代海上丝绸之路常给我们的第一印象。

丝绸之路

"张骞出使西域"壁画

丝绸之路，是指由中国内陆通向中亚、南亚以及西亚各地区，一直到地中海沿岸的古代陆上商业贸易路线。"丝绸之路"一词，最早由19世纪70年代德国地理学家、地质学家李希霍芬在《中国旅行记》中提出。他在谈到中国经西域到希腊、罗马的陆上交通路线时，鉴于大量的中国丝和丝织品经由此路西运，遂称之为"丝绸之路"。这一名称后来逐渐被学界认可。但丝绸之路上运输的不仅仅是丝绸，还有瓷器、茶叶等出口货物和香料、药材、宝石等进口物品。

"丝绸之路"的正式开辟，始于汉代张骞的凿空之旅。汉武帝时期，张骞两次出使西域。元狩四年（前119），张骞第二次出使，由河西走廊西端的敦煌出玉门关，进入西域，他派遣副使访问了中亚、南亚以及西亚各国，再沿着昆仑山脉北麓返回敦煌。由于天山和昆仑山两大山脉之间横亘着塔克拉玛干大沙漠，因此从不同的关隘出西域，就顺应自然地势，形成了南、北两条道路：南路从敦煌经楼兰、于阗、莎车，穿越葱岭到大月氏、安息，往西到达条支、大秦；北路则是从敦煌到交河、龟兹、疏勒，穿越葱岭到大宛，往西经安息到达大秦。

　　从此以后，各国使者和商旅，都依循着张骞开辟的道路，开始了频繁的往来。

　　在这条横贯亚洲内陆的东西交通大道上，大宗的中国丝绸源源不断地运往中亚、西亚，再传入欧洲。除了商品之外，我国的冶铁、井渠法等先进技术也传往异域；西方的葡萄、石榴、胡桃等特产，以及印度的佛教、音乐、舞蹈、绘画等也先后传入我国。丝绸之路呈现出"驰命走驿，不绝于时月；商胡贩客，日款于塞下"的景象。

　　然而，在这一片繁华的背后，也充满了艰险。商人带领驼队要穿过茫茫大漠，在天山脚下蜿蜒的山路上艰难前行，其路程之遥远、路途之艰辛，

陆上丝绸之路景观

常人难以想象。不仅如此，陆上贸易所需经过的地区，设置有重重关口，加重了商人的税收负担；同时，西域路上还有许多强悍的部落不时侵扰来往商队，给商人的安全造成很大的威胁。种种不利的因素，严重阻碍着陆上丝绸之路的发展。

与此同时，由于航海技术不断进步，海运运载量大、运输路程远，且港口靠近商品的产地和消费地，海上运输渐渐成为重要的交通方式。海上贸易之路自8世纪以后渐渐兴盛，发展出了两条路线。一条是从中国东南沿海港口往南穿过中国南海，进入印度洋、波斯湾地区，远及东非、欧洲；另一条是从中国沿海往东，到达朝鲜、日本或琉球；这两条海上交通要道，接过了陆上丝绸之路的历史使命，把丝绸、茶叶、瓷器等运送到远方，为古代中外贸易往来作出了巨大贡献。

丝绸之路景观

丝路概观

海上丝绸之路，是从中国东南沿海港口出发，穿越南海，经马六甲海峡，跨印度洋进入波斯湾、红海，远达西亚和非洲东岸的海上贸易商路，主要有东海和南海两条航线。最早提出海上丝绸之路这一名称的是法国汉学家沙畹（1865—1918）。这条海上通道形成于秦汉时期，在三国魏晋时期得到发展，隋唐宋元时期走向繁荣，明初达到鼎盛，此后开始走向衰落。它是古代连接东西方，实现人员往来、货物流通、文化交流的重要海上航道。

陆上丝绸之路和海上丝绸之路

海上丝路的开辟

中国虽然陆地广阔，但是先民并不满足于在陆地上活动，早早就迈出了对海外进行探索的脚步。中国古代文献中有关于西周初年箕子率商朝遗民出走朝鲜的记载："武王胜殷，继公子禄父，释箕子之囚。箕子不忍为

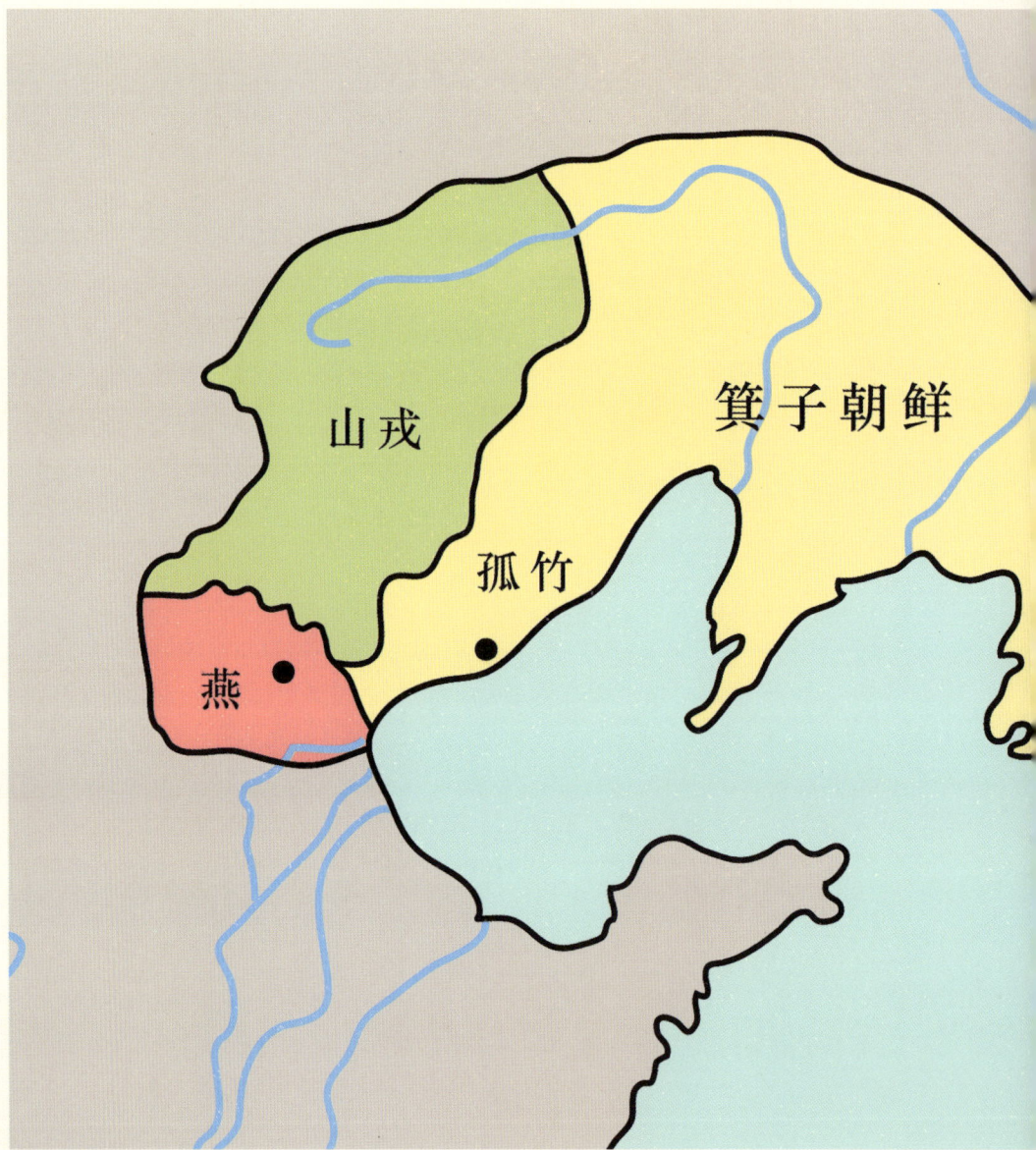

箕子朝鲜

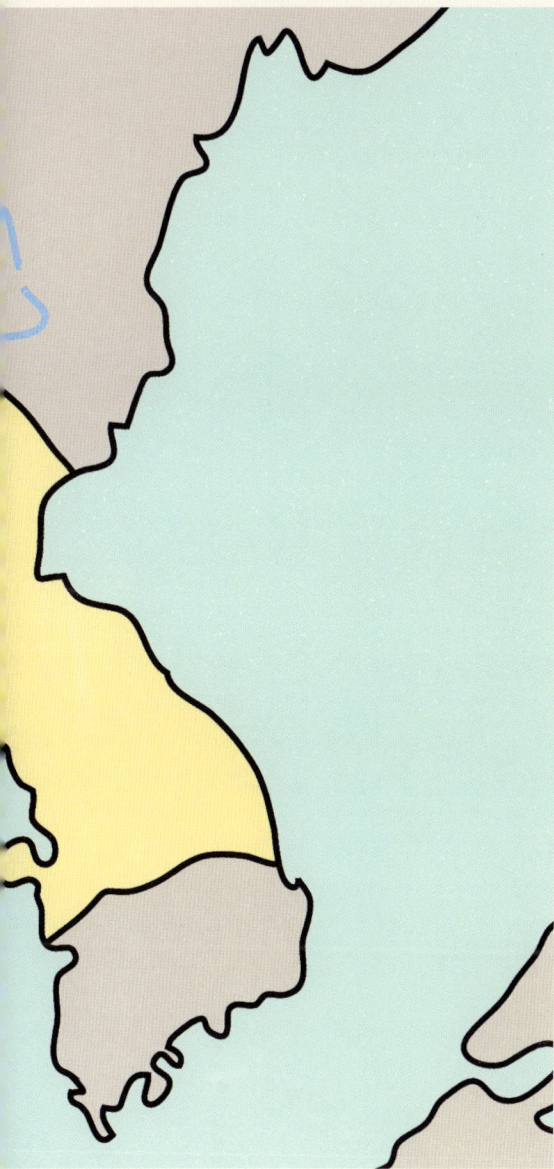

周之释，走之朝鲜。武王闻之，因以朝鲜封之。"然而记载中只说箕子"走之朝鲜"，至于是通过陆路还是海路已不可考。

《汉书·地理志》中有这样一段文字："自日南障塞、徐闻、合浦船行可五月，有都元国；又船行可四月，有邑卢没国；又船行可二十余日，有谌离国；步行可十余日，有夫甘都卢国；自夫甘都卢国船行可二月余，有黄支国，民俗略与珠厓（崖）相类；⋯⋯黄支之南，有已程不国，汉之译使自此还矣。"这段文字记录了汉朝使臣出使东南亚、南亚到达印度，经斯里兰卡返回的行程。另有记载说，文中所提到各个国家的使者在汉武帝时就时常前来谒见。汉武帝也会派遣官员，携带黄金和丝织品，乘坐船只，入海远航，途经各国交换明珠、璧琉璃等奇珍异宝，再从已程不国返航。这段文字是目前发现较早的、也是较完整的有关海上丝绸之路的记载。以上汉使所到达的国家，因年代久远，缺乏史籍记载而不可考，历来专家的认识也难以统一，唯有徐闻港、合浦港被认定为海上丝绸之路的起点，由之声名远播。

漂洋过海，逐浪远航，汉代先民对海上丝绸之路的开辟为后代海上贸易的兴起奠定了基础，影响了华夏子孙的衣食住行，也为东西方的文化交流作出了贡献。

海上丝路的贸易与文化

《汉书·地理志》中这样形容在海上丝绸之路上航行的人员的生存状况："剽杀人。又苦逢风波溺死，不者数年来还。"即便这样，仍有人在远洋贸易丰厚利润的驱使下，不畏风险，乘船远航。史书中记载："（人们）赍黄金杂缯而往。所至国皆禀（廪）实为耦，蛮夷贾船，转送致之。"这段话译成白话文就是：人们携带着黄金和各种丝织品前往东南亚、南亚，与各国民众交易，所到之处大受欢迎。

徐闻作为海上丝路始发港，也因海上贸易而兴盛一时。在徐闻一带，除了墓葬中陪葬的大量琥珀、玛瑙、水晶、琉璃等舶来品以外，还流传着许多有关海上贸易的故事。

海上丝绸之路是中国古代对外贸易的重要通道。经由该线路，产自中国的丝绸、陶瓷、茶叶等物产得以运

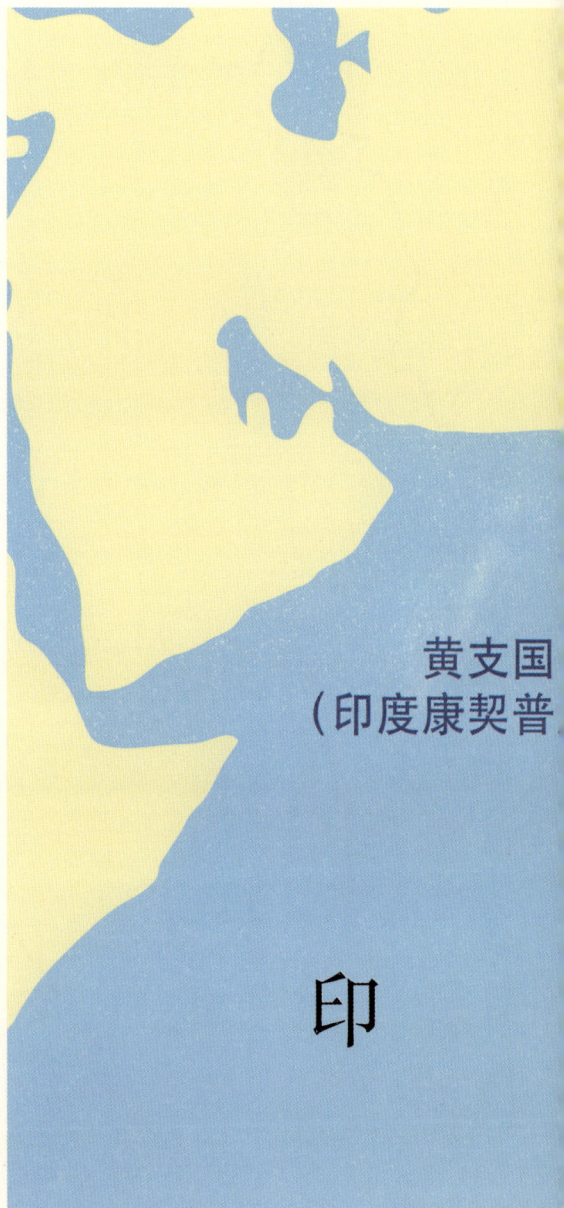

黄支国
（印度康契普

印

从徐闻、合浦出发的南海航线

邑卢没国
（缅甸勃固）

合浦

徐闻

谌离国
（缅甸伊洛瓦底）

日南

都元国
（越南迪石）

皮宗

度

洋

海上航船

往欧洲和亚非其他国家；海外的象牙、香料、宝石、金银等则得以输入国内。根据贸易品种的不同，海上丝绸之路又被称作"陶瓷之路""茶叶之路""香料之路""白银之路""宝石之路"等等。

随着时间的推移，生产技术的进步，海上航线不断变换，贸易品种也发生了改变。战国到秦汉时期，南越国因地处华南的地理优势，海上贸易十分繁盛。南越国墓葬出土文物显示，该国当时向外输出的贸易品主要有丝织品、漆器、陶器和青铜器；输入品则有珠玑、玳瑁等。到了汉代，海上丝路正式开辟，海外贸易得到进一步发展。据史籍记载："与应募者俱入海市明珠、璧琉璃、奇石异物……"东汉后期，风帆的使用便利了航行，加速了海外开拓的步伐，彼时的罗马帝国也开始经海路来到广州进行贸易；而中国商人也一路劈波斩浪到达了罗马。随着汉代养蚕技术和纺织业的发展，丝织品成为这一时期海上丝路的主要输出品，而造型精致的熏炉和托灯俑也首次出现在输入品中。

唐宋到明清时期，通过海上丝绸之路对外输出的商品主要是丝绸、瓷器、茶叶和铜器（包括铜钱）四大宗，而运往国内的主要是香料、宝石、象牙、犀牛角、金银器（包括白银）等。明初，郑和七下西洋，将中国航海活动推向了顶峰。

郑和之后的明清时期，由于"海禁"政策的实施，航海业开始衰落，海上丝绸之路再难重现往日的繁荣。而15世纪到17世纪，西方进入了大航海时代。欧洲船队出现在世界各大洋中，开辟了新的航线，积极寻找新的贸易伙伴，新生的资本主义得到快速发展，

出水瓷器

遣唐使路线

对数百年后各大洲国家的发展产生了深远影响。

从中外交流的角度看，日本遣唐使来华，就是对中国文化的一次主动、全面的学习。与丝绸、瓷器和茶叶相伴随的丝文化、瓷文化以及茶文化也深深影响了各国人民的生活方式和审美观念。徐福东渡，法显西行，鉴真传法，郑和远航，晁衡仕唐，马可·波罗入元，利玛窦来华，都曾为东西方文化交流与融合作出过贡献。

往来于海上丝绸之路的远洋航船上，曾经满载丝绸、陶瓷、茶叶以及香料、奇珍等。如今我们只能从水下沉船的出水文物中窥见千百年前的帆影，以追忆曾经繁华熙攘的航海时代。

海上丝路历史人物浮雕

海上丝路史话

海上丝路起于秦汉，兴于魏晋，盛于唐宋，陨于明清，承载了我国先民探索蓝色大海的梦想。

徐福东渡、法显西行、鉴真传法、郑和远航……古代中国人没有局限于陆上活动，漂洋过海，让中华文化在海外流传。

盛衰皆有定？曾经帆影林立、航船熙攘的海上丝路在风雨的洗礼中渐渐淡去。

如今新时期海上新丝路的规划已然开启，我们冀望"21世纪海上丝绸之路"谱写新的篇章。

秦汉海上航线的开辟与倭奴金印

秦王扫六合，虎视何雄哉！
挥剑决浮云，诸侯尽西来。
明断自天启，大略驾群才。
收兵铸金人，函谷正东开。
铭功会稽岭，骋望琅琊台。
刑徒七十万，起土骊山隈。
尚采不死药，茫然使心哀。
连弩射海鱼，长鲸正崔嵬。
额鼻象五岳，扬波喷云雷。
鬐鬣蔽青天，何由睹蓬莱？
徐市载秦女，楼船几时回？
但见三泉下，金棺葬寒灰。

——李白《古风·秦王扫六合》

　　李白这首古风以吞吐山河的气势描写了秦始皇一统江山后，干下的几件轰轰烈烈的大事。从这首诗中，我们可以看到这位雄才大略的君主很早就将目光投向了茫茫大海，为了永坐这万里江山，派遣了方士徐福到海上寻求仙药。虽然徐福一去不返，以致如今骊山脚下的深土里埋葬着秦始皇冰冷的遗骸。但是他对于海路的开辟之功，却永远留在了史册上。

18

秦始皇遣徐福求仙群雕

海上丝路的开辟

秦始皇二十六年（前221年），"秦王扫六合"结束了春秋战国的混战局面，建立了我国历史上第一个大一统的封建专制国家。秦始皇过度集权，严重役使百姓，统治苛急、暴虐。天下百姓饱受苛政之苦，终于爆发了起义，秦至二世而亡。西汉自汉高祖五年（前202年）建立后，继续采取中央集权的封建专制统治；汉武帝通过一系列措施，基本上结束了汉初诸侯割据的局面，中央政权对地方有了强有力的控制。秦汉时期实行大一统的中央集权制度，有利于集中力量发展航海事业。无论是徐福东渡还是汉武帝灭南越国后的西航，从某种意义上说都是官方举办的航海行动。

秦汉时期，我国封建社会处于上升期，生产关系的变革适应生产力的发展，社会经济得到大发展，也为海上丝绸之路的开辟奠定了坚实的物质基础。秦统一中国后，实行统一货币、度量衡等改革，促进了生产力的发展。西汉建立后，汉高祖刘邦在沿袭秦朝制度的基础之上，废除秦代苛法，实行与民休息的政策，提倡农桑，轻徭薄赋，鼓励生产，国家政局得以稳定。而农业的发展又带动了商业、手工业的发展，特别是桑蚕养殖和丝

秦半两钱的正反面

织业。史书载，汉武帝元封元年（前110），蜀锦产量达500万匹，据估计，生产这500万匹蜀锦需要原料茧多达2500吨，足以证明当时丝织业的繁荣。繁荣的社会经济与蓬勃发展的养蚕活动和丝织业，为中国的海外贸易提供了广阔前景，是开辟海上丝绸之路不可或缺的条件。

海上活动离不开船只。秦汉时期，我国造船业有了大发展。据《史记》记载，汉武帝时期为平息南越叛乱而曾造楼船，"高十余丈，旗帜加其上，甚壮"，足见当时造船水平高超，已可以建造体势高大、结构先进的战船。楼船可以视为当时造船技术的代表。

除了战船，汉代的普通船只建造技术也很先进，当时全国有许多造船中心，如雄阳、巴蜀、长沙、豫章、会稽、东冶等。广东地区东汉墓出土的陶船模型设有船尾舵，能使庞大的船体运转自如，说明这种装置至少在汉代就开始普遍使用了。鉴于船尾舵、风帆、指南针是确保船只安全航行的三大条件，船尾舵的出现和使用是中国航海史上的大事。

这一时期，天文导航技术也有了显著提高。据《汉书·艺文志》记载，西汉海上导航所用的占星书籍已达到136卷之多；地文航海技术也获得新发展，出现了对沿海岛屿地形地貌进

养蚕场景浮雕

楼船复原图

行精确测量的"重差法"，极大地影响了后世航海地图的测绘与航程距离的推算。秦汉时期，人们还懂得使用风帆，来利用季风作为海上航行的驱动力。航海技术的进步使秦汉时期的远距离航海成为可能，再辅以良好的政治经济环境，海上丝绸之路的开辟条件已经成熟。

东海航线和南海航线

早在海上丝绸之路开辟之初，就有了东海航线和南海航线之分，东海航线向东可达朝鲜半岛、日本列岛。到了汉代，南海航线发展起来，形成了多条航线，向西可以远达大秦，是古代中国海外交流的主要航线。

自箕子东走朝鲜和徐福东渡拉开东亚海域交流的序幕后，中国与朝鲜半岛、日本列岛的交流就未曾中断。到了汉代，汉武帝在朝鲜半岛设"汉四郡"控制朝鲜半岛北部地区，中、日、朝之间的海上交流更为便捷。加上航海家开辟和拓展的新航线，东海航线已初现雏形。

海北道中航线是这一时期的主要航线。近年来，考古学家在博多湾沿岸一带发现了数量众多的中国造铜剑，并在古代筑前国地区发现了大量铜镜、玉器、钱币等，经考证很可能是经该航线传入。另一条主要航线北路北线则是沿辽东半岛南岸和朝鲜半岛西海岸航行，因位于黄海东岸与北岸一带而得名。据《后汉书·东夷列传》记载，建武（25—56）初年，朝鲜半岛和日本列岛上一些国家的使者曾从辽东一带前往洛阳朝贡。由此可见，当时自辽东至倭国已有这条航线。

从徐闻、合浦出发的南海航线，是我国史书上记载的第一条通往印度洋的远洋航线，开拓于汉武帝元鼎六年（前111）。这一年，汉武帝平定南越后，派遣使者驾船西行而开辟了这条航线。它是南海航线的发端，此后的海上丝绸之路就是在这条航线的基础上发展起来的。虽然学界对于这些沿线国家的具体位置争论不休，但

东海航线

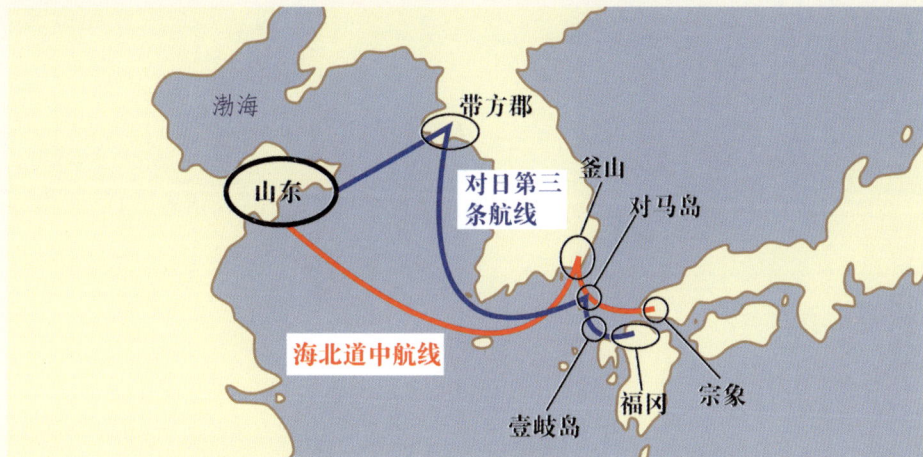

广州通夷海道示意图

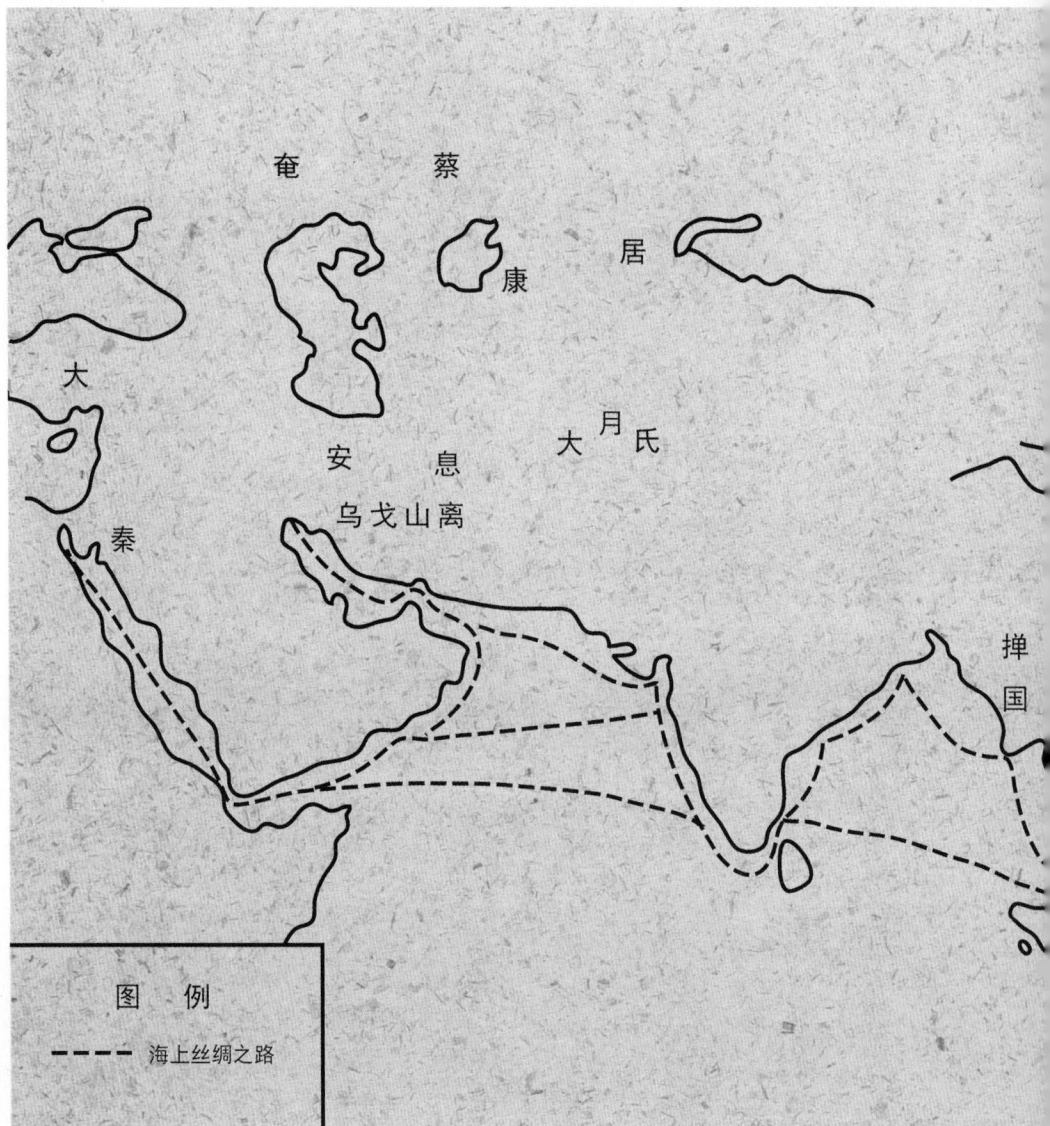

可以确定的是，就大体范围而言不超出今天的东南亚、南亚。由此我们可知当时航行的大体线路：航船从徐闻港、合浦港出发，沿着东南亚国家的海岸线航行，穿越马六甲海峡，继续沿海岸航行，进入孟加拉湾，最后到达印度半岛南端。

东汉时还开辟了到罗马的远洋航线。史书记载，东汉班超曾派遣副使甘英出使大秦（当时的东罗马帝国），但甘英是通过陆路去的，当时有没有海上路线呢？对此我们今天已不得而知，只知道后来汉朝和罗马之间的陆上丝绸之路受安息所阻，商人们迫切希望开辟一条海上通道，大约至东汉中期，航海家们终于开拓了中国直通罗马的航路。《后汉书·西南夷列传》中还记载有掸国借派遣使节祝贺汉安帝改换年号的机会，把罗马帝国的魔术、杂技演员引荐到洛阳的故事。中国通往罗马的第二条航线，是继续沿用西汉开辟的徐闻、合浦道，通过印度、斯里兰卡等中介港沿海岸航行至罗马。这条航线的开辟得益于罗马皇帝安敦尼。162年，安敦尼率兵东进，击败了波斯军，占领了安息，将波斯湾纳入罗马的版图之内。此后，他于汉桓帝延熹九年（166）派遣使臣经海路与中国建立了联系。《后汉书·西域传》记载的"大秦王安敦尼遣使自日南徼外献象牙、犀角、玳瑁，始乃一通焉"即是说的此事。这样，一条横贯东西的贸易之路就被打通了，海上丝绸之路最终形成。

倭奴金印

随着海上丝路的不断开拓，中国人探索大海的热情不断高涨。作为中国一衣带水的邻邦，日本自然成为中国最早向海外探索的对象。自汉代开始，我国史籍中就有关于古代日本的记载。据《汉书·地理志》记载："乐浪（今朝鲜）海中有倭人，分为百余国，以岁时来献见云。"到了东汉时期，中日两国开始了"遣使奉献"或"奉贡朝贺"。

众多史书的记载让我们对中日两国交往状况有着清晰的认识。《后汉书·东夷列传》记载着中日前期正式交往的情景："建武中元二年（57），倭奴国奉贡朝贺，使人自称大夫，倭国之极南界也。光武赐以印绶。"从这段记载中，我们可以了解到，东汉

光武帝时期，日本倭奴国王遣使前往汉都洛阳进贡，愿做大汉臣藩，求汉皇赐名，其王又求汉皇赐封，光武帝遂封其为"倭奴王"，并授赐"汉委奴国王"金印（"委"同"倭"）。彼时，对于这样的海岛小国来说，中国是真正的天朝上国，倭奴国自然会想借臣属于汉王朝来提升自己的地位。

日本天明四年（清乾隆四十九年，1784），日本农民在挖水沟时发现了这枚见证着中日交往历史的倭奴金印。金印出土以后辗转近二百年，直至1979年，发现者的后人将之捐献给了日本福冈市博物馆。该印印面约合东汉度量衡制铜尺一寸（2.34厘

汉委（倭）奴国王印

汉委（倭）奴国王金印出土推断地

米）见方，符合汉代规定所赐诸侯王金印大不逾寸的制度。印上金质蛇纽也与汉制相符。汉制以纽形表示不同名分，列侯为龟，将军为虎，蛮夷为蛇。印面篆刻"汉委奴国王"五字。在志贺岛发现金印处，立着一方刻有"汉委奴国王金印发现之处"的石碑，以作为纪念。与之相映成趣的是，在我国云南、扬州等地也出土过蛇纽金印和龟纽金印，其印面边长与汉倭奴国王金印相同，皆为汉制一寸，印面上篆刻的字体也相似。由历史文献与出土文物相互印证可知，日本200余年前出土的汉倭奴金印确实是汉光武帝所赐。这是中日两国友好往来的历史见证，承载着两国"官方"交往之始，是东方海上丝绸之路上的重要考古发现。

魏晋南北朝时对海洋的探索与法显远航

历史的车轮穿过旷远的秦时明月，踏破坚固的大汉边关，来到了战火纷飞的魏晋南北朝时期。 一代雄主曹操（155—200）登临渤海边的碣石山，以包揽宇宙的气势写下了《观沧海》。"日月之行，若出其中。星汉灿烂，若出其里……"如此宏大的想象，将海之辽阔、海之苍茫、海之浑厚尽收笔下。这一时期，人们对海的渴望、对海的探索亦未停止。

以"曹操观沧海"为内容的画作

南海诸国

三国时期，疆土最为接近大海的莫过于地处东南沿海的吴国。吴国君主孙策和孙权雄踞江东，以古之大禹为榜样，主张"国以民为本，民以食为天""不更通伐，妨损农桑"。孙权竭力繁荣经济，发展造船业，训练水师，以水军立国，并派遣航海使者开拓疆土，与海外通好，为江东地区

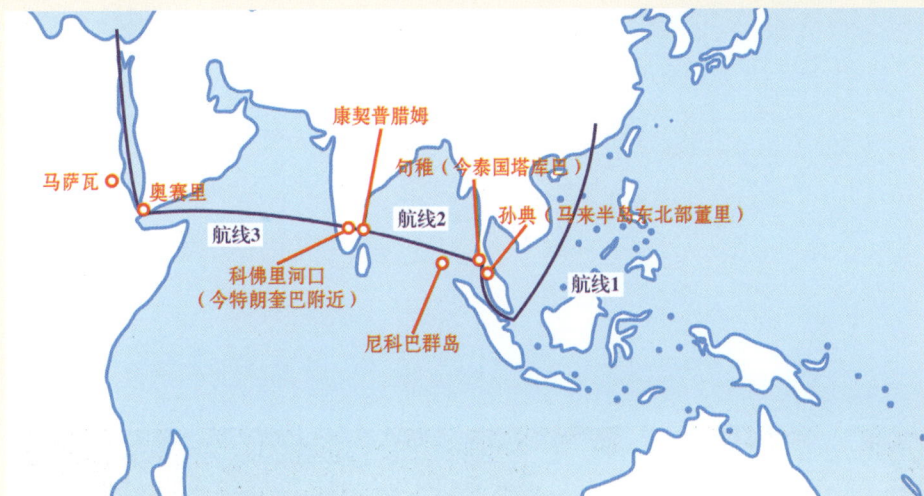

康契普腊姆

匈稚（今泰国塔库巴）

马萨瓦 奥赛里

孙典（马来半岛东北部董里）

航线3 航线2

科佛里河口
（今特朗奎巴附近）

航线1

尼科巴群岛

朱应、康泰南海之行路线图

的发展作出了重大贡献。黄龙二年（230），他"遣将军卫温、诸葛直将甲士万人浮海求夷洲及亶洲"。这里所说的夷洲即今天的台湾岛，而亶洲则被认为是日本列岛。最终因为亶洲"所在绝远，卒不可得至，但得夷洲数千人还"。这是我国正史里首次对台湾海峡两岸交往的记录。

孙权对大海的探索并未止步于邻近小岛，后又派遣朱应、康泰等人出使南海诸国。这次南海之行，历时长达十余年。"其所经及传闻则有百数十国"，几乎遍及整个东南亚。回国后，朱应等人将自己的海外见闻撰写成《扶南异物志》和《吴时外国传》，这是我国最早关于南海的著作，只可惜早已散佚。

这一时期，南海航线上的贸易依然持续不断，周边东南亚及南亚的小国纷纷前往中国朝贡或者进行贸易。晋代时，这些国家与中国很少直接交往，所以中国史官鲜有记载。到了南朝梁，这些国家纷纷依附梁朝，并奉梁朝为正朔，从海上航向梁朝朝贡。如天竺国，自东汉时遣使来华后，与中国3个多世纪未有联系，直到梁朝才又恢复交往。在与各国的贸易活动中，精美的丝织品仍是中国对外出口的大宗商品，而从东南亚和南亚各国进口的多是珍珠、玳瑁、象牙、翡翠、珊瑚、香料、琉璃、吉贝等物品。据《宋书·蛮夷传》记载，南朝宋文帝元嘉七年（430），呵罗单国曾遣使送来"金刚指环、赤鹦鹉鸟、天竺国白叠古贝、叶波国古贝等物"。所谓"古贝"，

即上文所述"吉贝"，是指棉花或棉布。

珊瑚

法显远航

晋代时期，短时间的统一后，中国又进入了历史上比较混乱的时期。国内战祸、变乱不休，统治阶级迫切需要寻求控制人民的工具，以巩固与维持风雨飘摇的封建统治。加之民间有很多人一心向佛，佛教就应运而活跃起来。据史料记载，东晋时已有佛寺1700多所，香火旺盛，信徒众多，许多来自印度半岛等地区的外国僧侣沿着海上丝路入华传教。而一些中国僧人也前往西方佛教中心取经，东晋

法显大师像

的法显和尚去天竺（今印度）求学并渡海归来就是著名的事例。他所著的《佛国记》，生动地展现了东晋时期的南海丝路。

法显（334—420），俗家姓龚，乃平阳郡武阳（今临汾）人。他三岁时出家做了沙弥，后来成为东晋著名高僧。东汉时佛教传入我国，经典多赖西域的译经师来华传授，但这些经典往往残缺不全，给僧徒们带来了很大的困扰。在这样的情况下，虔诚的法显发下宏愿，要前往当时的佛法昌盛之地印度求取真经。这一愿望一直到他60多岁时才得以实现。东晋隆安三年（399），法显与慧景、道整、慧应等人从长安出发，经过河西走廊，过流沙，越葱岭（今帕米尔高原），取道今印度河流域入恒河流域，历游天竺，足迹遍及今巴基斯坦、阿富汗等地。最后，他在当时的佛教中心——摩揭陀国首都巴连弗邑（今印度巴特那）居住了三年，学习梵语，抄写经书。随后他又前往瞻波国，再由此向东，到了多摩梨帝国。发现这里"佛法亦兴"的法显又在此地居住两年，写经画像。

义熙五年（409），法显乘坐商人

法显西

北　河

葱岭

子合

于阗

焉夷

鄯善

敦煌

张掖

养　山

楼　西

金城

陇山

公元400年

公元399年

公元402年6～8月

弗楼

那竭　沙

小雪　山

跋那

陀历

乌苌

竺刹尸罗

毗茶

公元401年

公元403年

新　头　河

天

捕那

川

摩头罗

僧伽施

饶夷城

舍卫城

迦维罗卫城

拘夷那竭城

毗舍离

臧　曲

恒

沙祇

迦尸

水

瞻波

拘睒弥

巴连弗邑

伽耶

王舍新城

竺

法显于公元405－407年在此停留，学习经典、拜访名僧。

王城
师子国

法显于公元410年3月－411年8月在师子国停留。

法显于公元411年11月－412年4月在耶婆提国停留。

耶

婆

西行路线

回程路线

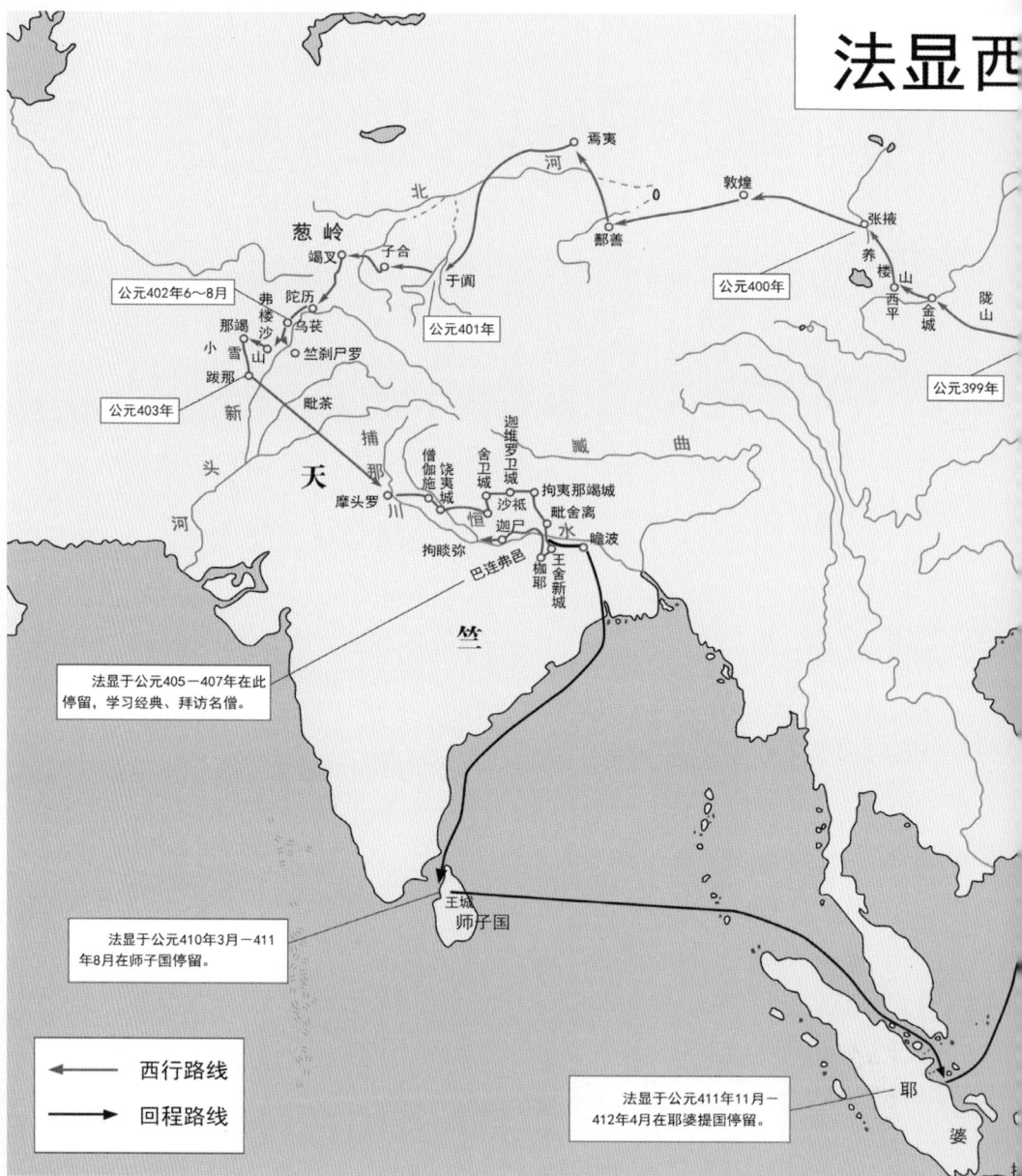

法显西行路线

路线 （399—412）

法显于公元412年
7月14日回到了牢山。

（地图标注）勃海 河 彭城 京口 建康 江 晋 广州 牢山 东 海 海

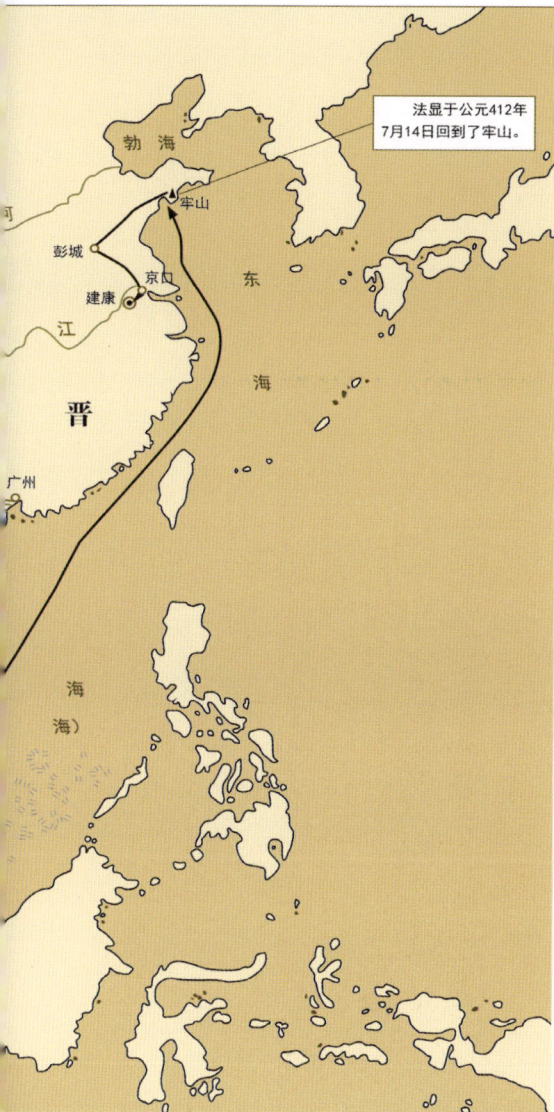

大船，泛海向西南方向前进，借冬初信风，经过 14 个昼夜的航行，到达师子国（也作"狮子国"，即今斯里兰卡，彼时为航海枢纽，也是著名的中转港），"诸国商人共市易"。法显在此地四处寻访名山大寺，拜佛求经。然而此时距他离开故土已经 10 年之久，同行之人或亡或留，只剩他一人在异国飘零，这使他对故国的思念日益浓厚。他在书中写道："去汉地积年，所与交接悉异域人。山川草木，举目无旧，又同行分披或留或亡，顾影唯己，心常怀悲。忽于此玉像边见商人以晋地一白绢扇供养，不觉凄然，泪下满目。"一把故国出产的白绢扇勾起了法显浓郁的乡愁，归国的计划开始在他心中酝酿。他在该地住了一年多后，搜集大量经文，在义熙七年（411）搭乘商船启程渡海回国。法显横渡孟加拉湾、暹罗湾，到了苏门答腊，在此停留等候季风。海上航行本就漂泊难测，尽管法显归心似箭，却因受季风影响，经历多番耽搁后才到达山东南部的牢山（今崂山），最后终于在义熙九年（413）抵达京城建康（今南京）。至此，法显在海外漂泊了 10 余年。

法显是史料记载的我国最早到达

印度河流域的人。他遍游印度各部，其足迹之广为"汉之张骞、甘英皆不至"。同时法显又是外出求经第一个循海路而回的高僧，他一路途经今斯里兰卡、印度尼西亚等地，称得上是伟大的探险家。他不仅通过海上航线运回了天竺佛教经典，让佛教扎根中国本土还将西行求法的经过以及辗转30多国的见闻写成了著名的《佛国记》。这本书记载了法显去西方求经路上所遇到的艰难险阻，以及印度各地的风土人情，并详细记载了当时东西方海上贸易的重要枢纽——师子国："其国本在洲上，东西五十由延，南北三十由延……多出珍宝珠玑……其国和适，无冬夏之异，草木常茂，田种随人，无有时节。"书中还首次准确地描绘了斯里兰卡的岛屿分布、气候特点、农业习俗以及自然景观等。在书中，我们甚至可以看到法显东还时在印度洋上航行的实况："海中多有抄贼，遇辄无全。大海弥漫无边，

《佛国记》书影

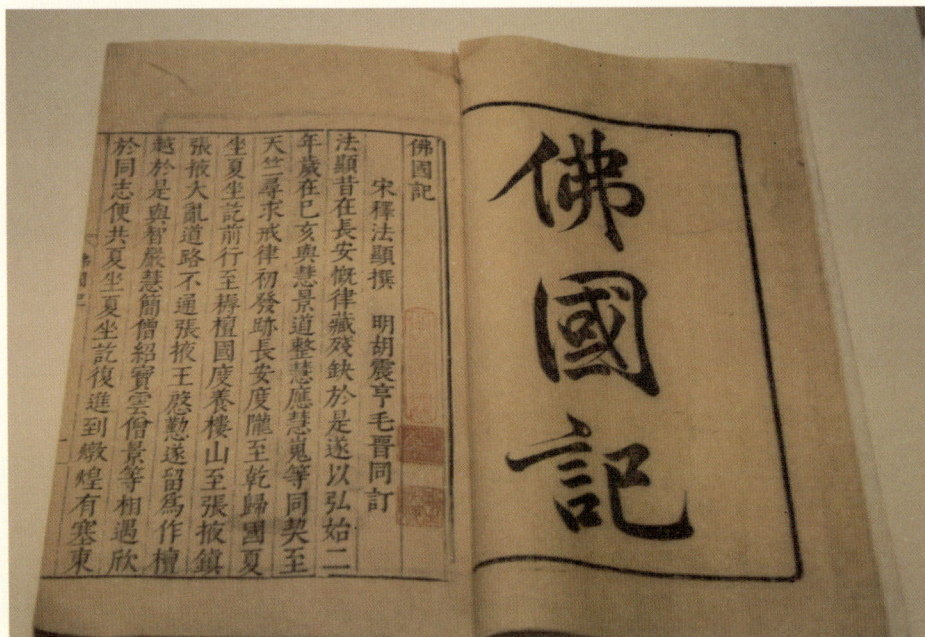

不识东西,唯望日、月、星宿而进。若阴雨时,为逐风去,亦无准……海深无底,又无下石住处。至天晴已,乃知东西,还复望正而进。若值伏石,则无活路。"这是一段5世纪时泛海远航的真实写照,为后人留下了宝贵的航海资料。

魏晋南北朝时期,中国与东南亚及南亚各国的海上交往是比较频繁和活跃的,较之秦汉时期有了新的进展。尤其是在南朝时期,中国航海者不仅与亚洲的众多沿海国家和地区有着广泛的航海贸易和外交、文化诸方面的交往,而且已越过南亚印度半岛,将海上航线延伸到了阿拉伯海与波斯湾。刘宋时期,中国与中南半岛上的林邑(今越南中南部)、扶南(今柬埔寨、老挝南部、越南南部和泰国东部一带)等国及东南亚的其他国家交往密切,经常有使者前来进贡方物。史载元嘉七年(430),今印度尼西亚境内的珂罗拖随国派使者来华,希望与刘宋建立贸易关系。南洋地区的柯罗丹、婆皇、婆达等国也都遣使送来金刚指环、赤鹦鹉鸟等。宋文帝对这三国都给予了册封,并与它们建立了通商关系。当时朝廷也很重视海外贸易,与海外各国的交往仍承袭着前代的繁荣。僧人从海陆来往的也很多。这些僧人通晓多种语言,有力地推动了东西方的航海贸易。梁陈时期的海外贸易与佛教传播几乎是同时进行的。航海贸易和文化交流都受到了朝廷的支持,这段时间也因而成为佛教从海路传入中国的极盛时期。

隋唐五代名港的兴起与鉴真东渡

自汉代张骞凿空之旅打通西域、开辟陆上丝路后，我国古代对外经济文化交流活动就长期依赖这条路。然而陆上丝路有着很大的局限性，除了沿途自然条件险恶，常常要穿越戈壁沙漠、翻越崇山峻岭之外，更为严峻的是，受西域各国政治形势影响也很大。到了唐后期，吐蕃势力不断拓展，终于使得这条绵延千里的陆上丝路完全中断。陆上丝路的衰落，为海上丝路的发展带来了契机。海上丝路不仅克服了陆路的局限，还有运载量大、费用低、损耗量小等诸多优点。同时，自唐代中叶经济重心南移，北方大批工匠和民众避祸于江南，使得江淮地区的经济获得了空前发展，丝绸、茶叶、瓷器成为可供出口的大宗商品，海上丝路就是在此时被称作"陶瓷之路"的。鉴于此，唐代成了海上丝路发展的重大转折期，并引导了宋元的空前繁盛。

四大名港及北方重要港口

唐代海上丝绸之路兴旺发达，带动了沿海港口城市的发展。随着东西方航路的拓展，我国港口城市不断由北向南推移。到唐代后期，已经形成了享誉海内外的四大名港——广州港、泉州港、明州港及扬州港。北方海域则以登州港和密州板桥镇港最为著名。

广州港

广州古称番禺，秦汉时期已经开启了对外贸易，南朝时期成为南海航线的始发港口，到了唐代，对外贸易活动日益频繁。据《旧唐书》记载，广州"有蛮舶之利"，"每岁有昆仑乘舶以珍物与中国互市"，"环宝山积"。

然而好景不长，在安史之乱中，南海郡遭到严重破坏。到大历四年（769）李勉来广州任刺史时，早已不复当年的盛况，港口萧条得"西域舶泛海至者，岁才四五"。之后经过几任刺史的大力整顿，广州港才逐渐恢复了往日的繁华，诸番舶"日十余艘，载皆犀、象、珠玑，与商贾杂出于境"。

随着海外贸易的兴盛，前来中国的外国商人、水手及宗教人士也不断增多，他们被称为"蕃客"。这些外国人与当地人杂居婚娶，不避差异。为了便于管理，当地政府下令外商必须集中住在城外。他们聚居的地方被叫作"蕃坊"。由于"蕃坊"内有许多信仰伊斯兰教的阿拉伯人和波斯人，因此专门修建了伊斯兰教寺庙怀仁寺。"蕃坊"里经选举产生的"蕃长"，主持日常事务，俨然形成了颇具规模的"城外城"。

泉州港

泉州港位于福建南部的泉州湾内，航道深邃曲折，是我国古代的天然良港。自唐代起，泉州港开启对外贸易。明代人何乔远的《闽书·方域志》记

"蕃坊"建筑

"市井十洲人" 绘画（局部）

载，唐武德年间（618—626），伊斯兰教创始人穆罕默德的 4 个门徒来到中国传教，有两位到了泉州，并在泉州终老，其墓至明代时尚存。20 世纪 60 年代，泉州郊区曾出土过一方阿拉伯文墓碑，从碑文来看，大约立于唐贞观年间（627—649），可见唐初已有阿拉伯人来泉州侨居。唐代时期，因常有番舶泛海而来，一时间泉州商贾云集，呈现出"市井十洲人"的繁荣景象。

随着海外贸易的不断发展，泉州城一再扩建。尤其是在五代闽政权时期，这里未遭受战争的蹂躏，社会相对安定，经济得到了长足发展。这时期的陶瓷、茶叶、蚕桑、铸造等方面比之唐朝得到了进一步提升。乾隆《泉州府志》记载：唐末五代时，王延彬任泉州刺史，"凡三十年，仍岁丰稔，每发蛮舶，无失坠者，人因谓之'招宝侍郎'"。

明州港

明州港地处甬江下游，杭州湾口，为现今的宁波地区，地理位置优越，便于出海。唐中期以后，这里得到了迅速发展。唐长庆年间（821—824），明州州治移至三江口，地处奉化江、余姚江、甬江交汇处。三江由

宁波夜景

此地汇流入海，这里很快成了水路运输集散中心。同时，当地政府在此筑城，并完善码头设施以及造船场，明州港渐渐发展成为唐代对外贸易的重要港口之一。唐朝时，明州输出的丝绸、青瓷名扬天下。

中日间南路航道的开辟，也使得明州的地位日益重要。天宝十一年（752），日本共遣4艘船来唐，有3艘是在明州登陆。其后中日之间的交往，多从明州出发或登陆，使得这里在唐后期至五代获得了空前发展。

扬州港

自隋朝开通沟通南北的京杭大运河以后，扬州因地处运河与长江入海口交汇处而成为集江、海、河运于一体的大港口，渐渐发展成为南北漕运的中转大港、南北物资的集散中心。同时，扬州也是海上丝路东线与南线的连接点。得天独厚的地理条件，使扬州成为沟通海上丝路与中国广大内地的重要节点，很快成为唐代对外贸易的商业中心。

扬州大运河

登州现状

安史之乱后，经济重心南移，江淮一带经济空前发达，以至"国家用度，尽仰江淮"。韩愈也说："今天下赋，江南居十九。"扬州又是淮盐集散之处。正如宋人洪迈所言："唐世盐铁转运使在扬州，尽斡利权，判官多至数十人，商贾如织，故谚称'扬一益二'，谓天下之盛，扬为一而蜀次之也。"唐诗中对扬州繁华的描写也是不惜笔墨，如"腰缠十万贯，骑鹤下扬州""天下三分明月夜，二分无赖是扬州"等，可见当时扬州之繁盛明丽。

登州港

登州港位于山东半岛北部，蓬莱城北丹崖山下，是我国建设时间较早、保存相对完好的古代海港和海防设施。登州港具有悠久的历史，是中国古代北方重要的对外贸易口岸和军港。唐代时，登州港是北方的繁华港口。这里是北方重要海洋文化发源地，也是当时中国北方最重要的军港，更是东海航线的起点，影响较为深远。唐代以后，登州港成为山东半岛对外贸易的主要海港，来自日本和新罗的商船常常经登州港与中国大陆进行贸易往来和文化交流。唐朝政府还在登州附近沿海设置新罗馆，为来华的新罗侨民、商人和旅行者提供落脚之处。据史料记载，隋唐时的登州港"帆樯林立，笙歌达旦"，十分繁盛。隋唐时期的300多年里，登州港成为通往海外的重要门户，为中外文化交流作出了巨大贡献。

密州板桥镇港

密州板桥镇港位于山东青岛胶州旧城区，濒临胶州湾。自20世纪90年代开始，青岛市考古所对古板桥镇遗址进行多次考古发掘，重现了这一口岸昔日的繁盛。据历史记载，唐朝政府曾在大珠山港湾设贸易口岸以及修船基地，并开辟了通往朝鲜半岛和日本的航线。武德六年（623），唐高祖李渊利用胶州湾优越的地理位置在其北岸设立板桥镇，初是为了在此集结兵力征讨朝鲜半岛的高句丽。唐朝军队协助新罗统一朝鲜半岛后，板桥镇逐渐成为与新罗、日本以及南洋各国贸易往来的大口岸。

除了通商贸易，板桥镇港在中外文化交流方面也作出了很大的贡献。

据学者研究，有唐一代，日本来华学问僧大多经板桥镇口岸登陆，如三次进入山东半岛的圆仁大师；随遣唐使来华的许多留学生也频繁出入板桥镇等口岸。

作为海上贸易以及文化交流的历史古港，板桥镇带动了当时青岛一带的发展，清晰地展现了以海洋为中心的文化发展脉络，"一个板桥镇，见证了500年之久的辉煌历史"。

鉴真东渡

鉴真（688—763）俗姓淳于，14岁时在扬州出家，26岁时便在扬州大明寺讲经说法。他博学多才、德高望重，是当地极负盛名的"授戒大师"。鉴真所生活的年代正是中日交往的高潮时期。日本怀着"万事悉效仿之心"，设法来中国学习当时世界上最为先进的文化，经常派遣使团来中国学习，称为"遣唐使"。使团中除了使节和随从之外，还有留学生、百工、僧人等。

天宝元年（742），日本学问僧荣睿、普照来到扬州，恳请鉴真和尚东渡日本，传授佛教奥义，为日本的佛教信徒授戒。以当时的航海技术，要

大明寺内鉴真像

穿越茫茫大海前往异国并非易事，故而大明寺众僧皆"默然无应"，唯有鉴真表示"是为法事也，何惜身命"，遂答应请求，决意东渡。

是年冬天，鉴真带领弟子连同日本僧人，在扬州既济寺停留，准备东渡。不料，鉴真的一名弟子道航认为师弟如海"少学"，阻止其赴日，引起如海不满，如海便诬告鉴真一行意图与海盗勾结，准备攻打扬州。彼时海盗猖獗，当地官员闻讯大惊，拘禁了所有僧众，虽然很快即被放出，但是下令让日本僧人立刻回国。鉴真的第一次东渡就此夭折。

两年后，经过周密筹备，鉴真等17名僧人，以及雇佣的玉作人、画师、雕檀工人、刺绣工人等共百余人再次出发。岂知尚未出海，便在长江口遭遇风浪沉船。船刚刚修好又遭大风，获救后转送明州阿育王寺安顿。开春之后，越州（今绍兴）、杭州、湖州、宣州（今安徽宣城）各地寺院皆邀请鉴真前去讲法，第二次东渡就此停止。

鉴真结束了各地讲法活动之后，遂准备再次东渡。越州僧人得知此事后，为挽留鉴真，便向官府控告有日本僧人潜藏中国，意图"引诱"鉴真前往日本。于是官府将正在中国的荣睿投入大牢，遣送杭州。第三次东渡就此作罢。

江浙一带的数次出海计划皆未成行，鉴真于是决定转道福州买船出海。岂料鉴真的弟子灵佑见鉴真年事已高，担心其安全，遂苦求扬州官府阻拦。就这样，鉴真一行刚走到温州便被截回扬州，第四次东渡不了了之。

天宝七年（748），荣睿、普照再次来到大明寺恳请鉴真东渡。鉴真即率僧人、工匠、水手从崇福寺出发，再次东行。这一次他们又遭遇了风暴，几经辗转，竟漂流到了振州（今三亚市西北），便在当地大云寺安顿。鉴真在海南停留一年，将中原文化和医药知识带到了当地。时至今日，三亚仍有"晒经坡""大小洞天"等鉴真留下的遗迹。

之后几年，鉴真由于种种原因几番滞留，始终未能成行。但他去日本的决心从未动摇，发誓"不至日本国，本愿不遂"。可惜天不遂人愿，鉴真由于水土不服，加之旅途劳顿，又为庸医所误，以致双目失明，只得黯然回到扬州。第五次又告失败。

天宝十二年（753），日本遣唐使

黄海

倭国

秋妻屋浦

苏州

杭州

明州

东海

阿尔奈波岛

台湾

（太平洋）

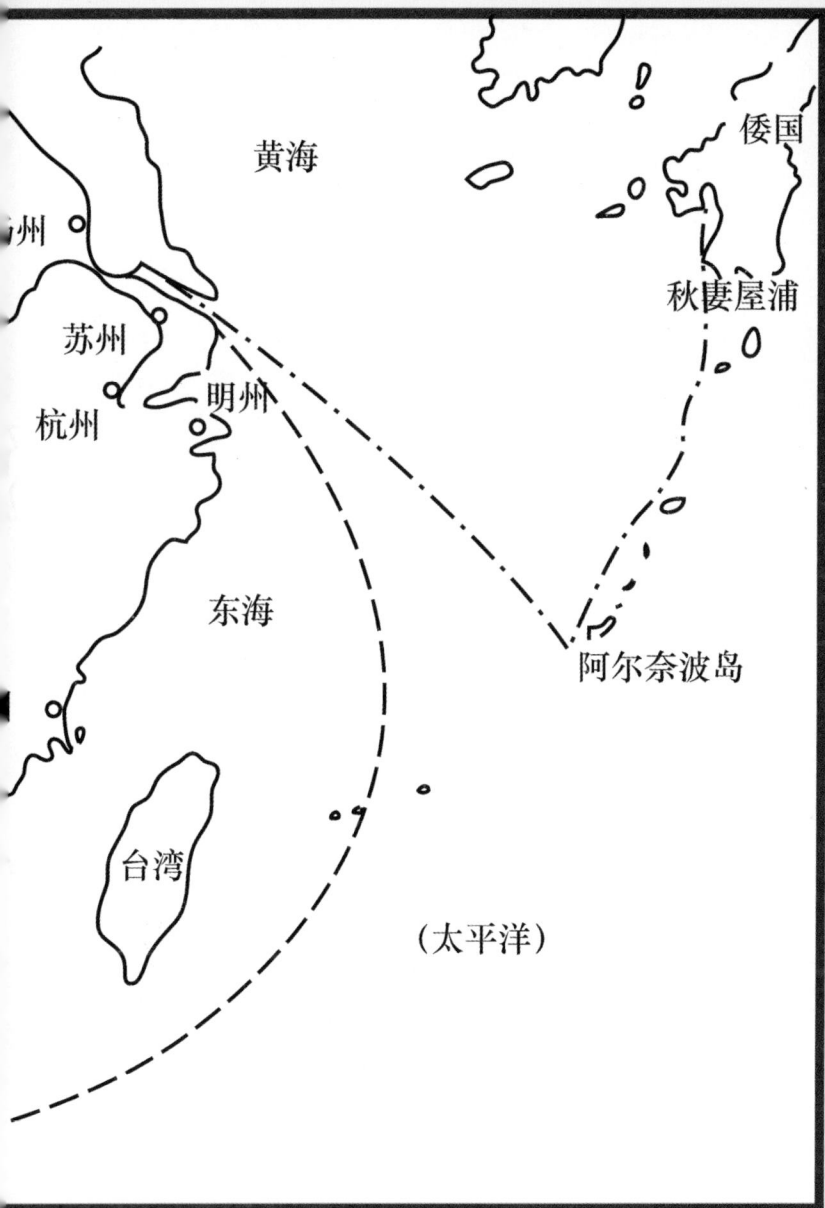

鉴真东渡日本的海
上航线

藤原清河、吉备真备等人来到扬州，再次邀请鉴真同他们一道前往日本，却遭唐玄宗阻拦。鉴真遂秘密乘船至苏州，转搭遣唐使大船。这次的海上航行依然艰险，但鉴真终究成功踏上了日本的土地。

鉴真到达日本后，受到孝谦天皇及各界人士的隆重礼遇。次年，鉴真一行抵达奈良，同另一位本土华严宗高僧"少僧都"良辨统领日本佛教事务，获得封号"传灯大法师"，并被尊称为"大和尚"。日本天平宝字三年（唐乾元二年，759年），鉴真与弟子们共同设计了唐招提寺。盛唐时期中国建筑艺术与雕塑艺术的精华就此根植于日本。同时，精通医学的鉴真发挥所长，积极向当地人传授医学与药物学知识，因此被尊为日本医药界的始祖。除此之外，许多中国产品的制作方法也随之传入日本，直接影

鉴真东渡群雕

响了日本人的生活方式。据传饮食中的制糖法、豆腐制作法都是由鉴真传到日本的，因此他也成了日本制糖业、豆腐业的始祖。

由于鉴真和尚在佛教、医药、书法等方面对日本产生了深远影响，每年，日本奈良市内的唐招提寺都会在鉴真和尚忌日举行法事，让民众参拜鉴真和尚坐像。2015 年 6 月，唐招提寺还举行了为日本国宝级佛像"鉴真和尚坐像"开光的法事，以缅怀这位东渡日本传法的唐朝高僧。

唐招提寺

宋元海上丝路盛况与四大发明西传

"水晶宫"里的"南海Ⅰ号"

广州有一座庞大的博物馆,馆中最大的椭圆体被称之为"水晶宫",里面安放着一艘木质古沉船。这座博物馆便是为它而建,这艘船便是南宋古沉船——"南海Ⅰ号"。南海Ⅰ号是世界上发现的海上沉船中年代最早、船体最大、保存最完整的远洋贸易商船。根据探测,南海Ⅰ号整船文物有6万到8万件,多是产自浙江、福建、江西等地名窑的瓷器,另有许多金器、铁器、铜钱、铜环等。要完全发掘完船上的文物,大概需要十年的时间。在南海Ⅰ号的背后,我们看到了一个伟大的航海时代和那个富庶的宋王朝。

海上丝路的鼎盛时代

建隆元年(960),赵匡胤(927—

如今的瘦西湖西门

976）发动陈桥兵变，黄袍加身，取代后周建立宋朝。北宋的建立，使中国重新回到了统一的道路上，但较之汉唐时的大一统，北宋远远不及。北方少数民族建立的辽、西夏、金，先后给北宋朝廷造成严重的威胁。特别是经过几次的苟安求和，还给朝廷带来了严重的经济负担，这使得北宋历朝统治者都十分重视航海贸易的发展。

北宋统治者的求全政策并未给国家带来长久的安宁。靖康二年（1127），金军攻陷汴京（今河南开封），掳走宋徽宗、宋钦宗父子，史称"靖康之耻"，北宋灭亡。

同年，康王赵构称帝，建立南宋政权，是为宋高宗。南宋国都临安离当时南北分治的界线淮河有相当长的一段路程，在南宋存续的150多年中，这段距离足以成为临安发展和繁荣的屏障，成为与金人兵马周旋的防线。在淮河两岸，前线将士生死系乎一线，然而西湖边的歌舞从未停歇。年轻的宋高宗本想在江南的烟柳画桥间做临时的安居，长远则是要励精图治，期盼终有一日北复中原，一雪靖康之耻，但不曾想到，这一时的临安却在历史的字里行间，在西湖的湖山晴雨之间，在市井坊巷之间，作了千古的逗留。

本是事出无奈的南迁，却带来了中华文明的大规模南移，对中国南方经济、文化、科技的影响无可估量，且一直延续至今。

北宋立国时，南方已逐渐发展成为国家经济的重要依赖。宋室南渡后，绍兴十一年（1141）"绍兴和议"的签订，换来了 20 多年的安定，南方一跃成为当时的经济、文化中心。

由于南宋偏安东南一隅，为维持国家经济，保证政府开销，统治集团遂不断加强对外贸易。那时的陆上丝绸之路向北、向南，向大漠、向草原，都已经被辽、被西夏、被金隔断了。

宋高宗画像

在这样的情况下，南宋要立国，向海外发展，只能通过海上丝绸之路。宋高宗于是一改之前的态度，大力支持市舶贸易的发展。到宋高宗末年，仅市舶收入一年即达 200 万贯，大体相当于北宋时一年市舶收入的 3 倍之多。南宋政府还积极鼓励有资金实力的豪族大姓，以私商的身份打造海船，招聘船员，购置货物，前往海外经商，为此还制定了有关的奖惩与税收制度。

在世界航海史上，中国人一次又一次创下奇迹，比如徐福出海，比如法显东归、鉴真东渡。自宋朝开始，社会各阶层更是广泛参与航海活动，促进了海外贸易的繁荣。南宋时期，每年有上千艘像"南海Ⅰ号"这样的商船出海贸易。如果说，汉唐是用马匹和骆驼通过西北的陆上丝绸之路让更多的人认识了神秘的东方，那么宋人则是用风帆和海船通过东、南的海上丝绸之路把华夏文明带到了世界的另一端。

四大发明的西传

宋朝对于人类文明的伟大贡献，

造纸术雕像

有轻软绵密的丝织品，也有炉火纯青的瓷器烧制，但最突出的仍当属火药、指南针和活字印刷术的发明。中国古代四大发明之中，宋朝占了三项；而四大发明的外传，则都是在宋朝完成，为世界文明发展发挥了极大的推动作用。

造纸术

早在唐代与大食的怛罗斯战役（751年7～8月）中，我国的造纸术就被战俘带到了阿拉伯地区，后约于9世纪末传入埃及，约于1100年后开始传向摩洛哥，并于1150年后传入西班牙。而这一时间段正对应着我国的宋朝。今天的意大利还保存着西西里伯爵罗杰一世于1109年写的一份诏书，而诏书所用的纸正是阿拉伯人生产的。在当时的欧洲，能使用阿拉伯人制造的纸张是一种极为奢侈的行为。而在中国造纸术传入欧洲以前，欧洲人记录文字都是用羊皮，据说抄一本《圣经》要用300多张羊皮，这极大地限制了文化的传播。造纸术的

雕版印刷

西传，为当时欧洲蓬勃发展的教育、政治、商业等活动提供了极大的便利，大大推动了社会的进步。

印刷术

随着中国古代造纸工艺的成熟，以纸为载体的书籍出现后，对印刷字的需求量大大增加，推动了雕版印刷术的发明。而到了北宋时期，中国的印刷技术得到进一步提升——毕昇发明了活字印刷术。但在发明之初，活字印刷术并未迅速普及，还是以雕版印刷术为主。北宋太平兴国八年（983），宋朝应邻国高丽的请求，将两套佛经《开宝藏》赠送给了高丽政府，一批中国刻字工匠也随之在此时进入了朝鲜半岛。认识到雕版印刷术的方便实用后，高丽很快又派人专门到中国学习，培养了自己的第一批印刷工匠。到了14世纪，朝鲜人从宋代科学家沈括的著作《梦溪笔谈》中了解到了毕昇发明的泥活字，从而掌握了活字印刷术。

在造纸术西传的过程中，阿拉伯人也接触到了中国先进的雕版印刷技

术。但雕版印刷术并没有像造纸术一样在阿拉伯地区流传开来。

火药

中国古代在战争中使用火药的最早记载，大约是在唐朝末年。当时在战争中，使用的多是火药箭、抛石机投掷的火药包以及一些燃烧性兵器。而到了宋代神宗年间，边防军中已经配备了大量的火器。早期火器威力有限，无法取代冷兵器。经过两宋和辽金时期的不断改进，出现了震天雷、飞火枪、突火枪等较为复杂的火器。南宋初年，军事学家陈规发明了火枪这种管形火器，这在人类使用火药的历史上是一个巨大的飞跃。

宋元时期，中国人在节庆之时喜欢燃放烟花，一些来华的阿拉伯商人便是在烟花和中国船舶装备的火器中，最早接触到了火药。南宋绍兴三十一年（金正隆六年，1161），宋金采石之战中，南宋军队使用了"霹雳炮"，当时也有阿拉伯水手在现场目睹。

蒙古窝阔台汗六年（南宋端平元年，1234），蒙古灭金之后，在开封等地虏获了大量工匠，获得了一些作坊和火器。次年，蒙古大军发动了第

烟花

二次西征，新编入蒙古军队的火器部队也随军远征。蒙古大军席卷东欧大地，让阿拉伯人感受到了火药的巨大威力。善于航海的阿拉伯人通过与东南亚各国贸易，间接从中国进口了大量硝石，他们称之为"中国雪"。后来，蒙古人建立的伊利汗国成为火药等中国科学技术成果向西方传播的重要枢纽。

指南针

指南针的前身是司南。起初，司南只是用于陆上测量或看风水。一直到北宋时期，中国人才开始将司南用于海上导航。之后，指南针的应用技术传到了国外，为海上航行指明了方向。宋人朱彧在《萍洲可谈》中记载："甲令海舶，大者数百人，小者百余人……舟师识地理，夜则观星，昼则观日，阴晦观指南针……"宋朝与阿拉伯的海上贸易十分频繁，中国开往阿拉伯的大型船队都有指南针导航，阿拉伯人便很容易地从中国商船上学到了指南针的用法。这使得欧洲人一度误以为指南针是阿拉伯人的发明。

司南

明代海禁政策与西方殖民者东来

郑和雕像

宋元时期，海上丝绸之路达到了鼎盛，海外贸易得到了前所未有的大发展，货物种类之多，所到地域之广，都已远超前代。当时通过海上丝绸之路输入或输出的货物种类繁多，宝物、布匹、香料、药物、皮货等不仅数量巨大，产地分布也很广泛。丰富的进出口货物反映了宋元海上丝路达到极盛的事实。四大发明、烧瓷等技艺的外传，也从另一方面印证了宋元海上丝路的繁华。

洪武元年（1368），明太祖朱元璋（1328—1398）在南京称帝，建立明朝，中国封建社会进入了新的阶段。明朝初年，为打击海上的一些割据势力，朝廷明确规定"片板不得入海"。后来，随着这些割据势力的覆灭，海禁政策有所松弛，航海活动也重新发展起来。明朝永乐（1403—1424）、宣德（1426—1435）年间，郑和率领船队七下西洋，创造了世界航海史上的壮举，海上丝绸之路达到极盛。但此后，海禁政策卷土重来，海上丝绸之路又开始由盛而衰。

明代海禁政策

明初，朝廷很重视海外贸易，大力发展与海外各国之间的官方朝贡往来；同时考虑到沿海地区在海外贸易方面所具有的地理优势，对民间实行严格的"海禁"政策。早先我国历代统治者都只看重官方间的朝贡往来，一直到宋元时期，才逐渐开始重视民

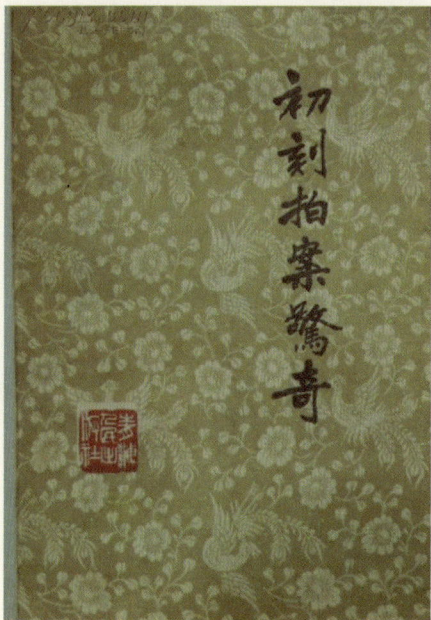

《初刻拍案惊奇》书影

间贸易。到了明代，却是除了朝贡贸易外，不允许私人贸易行为存在。

明初，张士诚、方国珍等反对势力的残部逃至海上，对沿海居民进行骚扰。同时，日本一些被称作"倭寇"的失意武士也常到中国沿海地区进行抢掠。为了对付他们，明朝政府除了出动兵力进行剿捕外，还实行了消极的"海禁"政策，民间的海外贸易因此受到了限制。

明代的海禁政策曾几度松弛。明

代的白话短篇小说集《初刻拍案惊奇》中收录了这样一个故事：明代成化年间，商人文若虚屡遭生意失败而变得穷困潦倒，人称"倒运汉"，一些朋友前往海外从事贸易邀他同行，顺便出海散心，文若虚没有做生意的本钱，只花了一两银子买了一篓名为"洞庭红"的橘子，准备在路上解渴，没想到到了海外吉零国，因该国无人见过"洞庭红"，被当成稀世珍品而抢购一空，竟卖了八九百两银子，回国途中，他又偶然拣到一只大龟壳，回国后被一个波斯商人用 5 万两银子买去，原来这只壳中有 24 颗夜明珠，他用所得的钱财重置家业，娶妻生子，从此过上了殷实的生活。这则故事体现了明代商人海外冒险求富的理想，表达了明中叶以后人民要求开放"海禁"的愿望。

《明实录》记载，在洪武四年（1371）、十四年、二十三年，明太祖都曾下达过禁海的诏书。虽然随着政局的稳定，"海禁"政策有所松弛，但终明一代，海禁始终实行。具体说来，明初洪武年间的海禁严格，到了永乐年间（1403—1424），海禁有所松弛。永乐年间，朝廷新设置了市舶司，与其他国家遣使通好、广为招徕，还发生了郑和下西洋这一具有历史意义的航海盛事。永乐后，海禁政策又进一步强化，对海外来贡国多加限制，并减少赏赐。到了正德年间（1506—1521），海禁再次松弛，此时出现了很多的私人海外贸易。到嘉靖年间（1522—1566），因倭乱和外国殖民者东来，海禁再一次加强。海禁政策的实施，阻碍了海外贸易的发展，使繁荣了几个世纪的海上丝绸之路逐渐走向了衰退。

郑和七下西洋

明代海上丝绸之路虽由盛转衰，但其"盛"处却达到了空前的程度，那就是郑和七次下西洋（1405—1433）。郑和下西洋的壮举是我国海上丝绸之路发展的顶峰，在世界古代航海史上无与伦比。

明代初期，在朱元璋30余年的励精图治之下，农业经济得到了很大恢复，手工业也得以快速发展。中国的丝织品、瓷器等受到欧洲国家的欢迎，赢得了很高的声誉。尤其是造船业的发达、航海技术的进步以及明初工商

郑和宝船模型

业的恢复和发展，为郑和下西洋提供了优越的物质条件。明初国力强盛、贸易发达，政府渴望加强同海外各国的联系，扩大海外贸易来往。明成祖朱棣决定组织一支强大的船队，前往"西洋"诸国，以耀兵异域，示中国富强。也有一种说法，成祖怀疑惠帝逃亡海外，派人出海是为了寻找他的下落。

带领庞大船队远航的首领正是伟大的航海家郑和。每次远航，郑和的宝船都会载满各种宝物，作为礼物送给访问国的国王。许多国家都会派遣使者甚至国王本人，携带其国家的特产、珍宝随郑和船队一同来到明朝首都进贡。这些外国使者在中国逗留一段时间后，朝廷便会派遣郑和船队送他们回国，并带回更多的礼物。这样的好处几乎没有哪个国家会拒绝，海外前来朝贡的国家于是由洪武年间的几国，迅速增至永乐年间的 30 余国。其中，满剌加（今马六甲）和渤泥（今北加里曼丹和文莱一带）两国与明朝的关系最为密切。朱棣去世后，郑和下西洋的活动停止了六七年。直到宣德初年，朝廷希望有外国来朝贡，才有了郑和的第七次航行。在郑和七下西洋的 28 年间，他将和平友好的外交理念传播至沿岸国家，稳定了海上丝绸之路的贸易秩序，还将中华礼仪和儒家思想、农业技术、医术、航海造船技术等传至其他国家。直到今天，郑和的故事还在一些东南亚国家流传，一些与郑和航海有关的历史遗迹也得到了保留，如马来西亚保存着"三宝山"、"三宝庙"、"三宝井"等郑和遗迹。

15 世纪初，以郑和为首的远航活动，将我国的古代海洋事业推向了高峰，为人类海洋文明作出了巨大贡献。

三宝庙

西方殖民者东来

十五六世纪，当古老的中国还沉浸在天朝上国的迷梦中时，西方的殖民者已经开启了大航海时代。15 世纪开始，欧洲一些主要国家先后出现了资本主义生产关系，许多城市的工商业蓬勃发展，迫切需要同东方发展贸易关系。而 15 世纪后半叶，东西方陆路贸易通道则基本被奥斯曼帝国所控制；沟通欧亚大陆的地中海、红海、印度洋的海上航道基本为阿拉伯人所操纵。当时欧亚大陆之间还没有直接的海上贸易往来。为了打破这种僵局，15 世纪末，新兴的葡萄牙、西班牙、荷兰殖民者纷纷设法寻求地中海以外直接通往东方的新航线。西方殖民者东来后，渐渐控制了印度洋上的主要航线，海上丝路的发展受到了极大影响。

葡萄牙殖民者侵占澳门

中国澳门位于珠江三角洲南端，北靠广东，优越的自然地理环境使其成为著名的贸易口岸，有"广州诸泊口，最是澳门雄"之称。新航线的开

今日澳门

辟让欧洲小国葡萄牙尝到了甜头，在 100 多年的时间里，他们的船只在大海中不断冒险，开辟了大量殖民地，为葡萄牙带去了巨额财富。明正德十二年（1517）6 月，葡萄牙果阿总督以建立中葡双边贸易关系为由，派遣安德拉德率多艘满载胡椒的军舰从马六甲出发前往中国，葡王特使皮雷斯与舰队同行。几番辗转后，他们获准觐见正德皇帝。为了隐藏真实身份，他们全部都用白布缠头，冒充马六甲的遣礼使臣进京。与此同时，马六甲的王子与使者也到达了北京，并向明朝朝廷控诉了葡萄牙殖民者的残暴行径。葡萄牙人的骗局穿帮了，明政府处死了主事者，后来皮雷斯也病死狱中。

屯门海战爆发时，葡萄牙殖民者已经在屯门盘踞多年。正德十六年

澳门大三巴牌坊

（1521）6月15日，明朝军队用50艘战舰包围了殖民者，葡萄牙人伤亡惨重，只得退走，中国军队收复了屯门。

后来，葡萄牙人为了寻找机会混入澳门进行贸易，转而采用贿赂中国官员的手段。嘉靖三十二年（1553），葡萄牙人买通了广东海道副使汪柏，借用他国名义请求借澳门之地晾晒被海水打湿的货物。汪柏贪利，同意了他们的请求。没想到，这一"晾晒"

就是400多年。葡萄牙海盗还不断侵扰中国南海地区，严重破坏了广东的正常贸易秩序，极大地影响了明朝的稳定与安全。在这种形势下，朝廷厉行海禁，禁止所有外国商船来广州停泊和贸易，逐渐走上了闭关锁国的窄路。

西班牙殖民者与大帆船贸易

继葡萄牙之后，西班牙也把侵略的矛头指向了中国，他们也想在我国东南沿海占据一个通商据点。从16世纪后半叶开始，西班牙就开始不断派使者来到中国，多次提出设立商站等要求，皆被明朝政府拒绝。万历五年（1577），西班牙人来到福建沿海要求通商，为当地地方官所拒绝。万历二十七年，西班牙海军将领萨姆迪奥率领舰队来到澳门，要求在当地设立据点，遭拒绝后，恼火万分，干脆擅自登岸，并在澳门以西10里的虎跳门修筑据点。明朝政府闻讯后立刻出兵，水陆齐发，打得西班牙人狼狈逃窜。在虎跳门之战后的几十年里，西班牙

人仍不断派人来中国沿海活动，意图找到一块明王朝"看不见"的地方。他们最后找到的是我国台湾岛，并于天启六年（1626）偷偷侵占了台湾北部的淡水、基隆等地。台湾后来又被荷兰人独占，直到永历十六年（清康熙元年，1662）才为郑成功所收复。

虽然西班牙没有在中国沿海取得据点，但在将菲律宾收为其殖民地后，还是开辟了从菲律宾往返墨西哥的太平洋航路。从此，以丝绸为主的中国商品便源源不断地沿着这条航线，经由马尼拉运往墨西哥，行销拉丁美洲

虎跳门水道

今日菲律宾

各地，该航线就此成为太平洋上的丝绸之路。这一将中国东部沿海的商品运抵马尼拉再经由西班牙人的船销往美洲的贸易，也被称为"大帆船贸易"。中国丝绸除了由陆路运往中亚，由海路运往波斯湾，越过印度洋运到非洲东岸，间接地传往欧洲之外，又越过太平洋运往墨西哥，输往拉丁美洲各地，开始进入了西半球。这在我国丝绸传播史上具有划时代的意义。而购买中国商品所用的白银当时也源源不断流入中国，深刻影响了中国东南沿海地区市场经济的发展。

荷兰殖民者占据台湾

新航路的开辟为西、葡两国带来了巨大的利益，刺激了其他欧洲国家抢夺殖民地的狼子野心。16 世纪，荷兰崛起，这个面积并不大的小国很快

在世界范围内刮起了一股荷兰旋风，"海上马车夫"声名远扬。在占据了爪哇后，荷兰也想来中国进行贸易。明万历二十九年（1601），荷兰武装船队到达澳门海面，要求进行通商，但葡萄牙严加戒备，不准他们登陆。当时的广东税使为平息争端，召荷兰人入城参观。荷兰人在澳门逗留了一个多月，一无所获，只得离去。在多次要求通商无果后，荷兰人转变了方向，打算在福建沿海建立一个据点。经过多方探查，他们将这个据点选在了澎湖，并于万历三十二年（1604）、天启二年（1622）和天启四年（1624）三次进犯澎湖，结果都被明朝军队击败。损兵折将的荷兰殖民者退出澎湖，转而进犯中国台湾。如今，在中国台湾还流传着"红毛计诈牛皮地"的说法。天启四年，一队荷兰殖民者来到台湾西南，企图偷偷登陆，却被高山族人发现。面对高山族人的顽强防守，狡猾的荷兰人以遭遇海难、货物尽湿博取同情，请求给他们一块牛皮大的土地晾晒货物。善良的高山族人答应了他们的请求，却没想到荷兰殖民者用剪刀将一大张牛皮裁成许多条，接起来成为一条长绳，然后用这根长绳

圈起了一块不小的土地，并在这块土地上筑城。第二年，他们在台湾西南的新港社再次使用这样的伎俩，又骗得了一块土地。荷兰人就以这两块土地为据点，逐渐控制了整个台湾。荷兰人占据中国台湾岛后，还不断地到中国大陆东南沿海侵扰，严重阻碍了中国沿海的贸易。荷兰人占据中国台湾38年之久，直到南明永历十六年（1662），才被郑成功驱逐出台湾。

明代由于长期实行"海禁"政策，只发展极为有限的朝贡贸易，使得沿海市舶受到种种限制，海外贸易难以得到发展。而几次殖民者的侵袭，又扰乱了我国东南沿海地区的秩序，进一步破坏了海上丝绸之路上的贸易往来，让原本就开始走下坡路的海上丝路变得更加萧条。明朝后期，这条古老而又漫长的海上丝路逐渐失去了它往日的辉煌。

郑成功收复台湾

清代海权的沦丧与清宫中的外国人

17 世纪初，从白山黑水间崛起的女真族部落不断壮大，并于顺治元年（1644）南下入关，打败李自成的农民军，入主中原。为对抗海上的抗清势力，清初实行严厉的海禁政策，海船除获得执照许令出洋外，不得出海。虽然清政府在收回台湾后的第二年便开海禁，但随后不久又恢复了海禁。明清时期的海禁政策对我国海外贸易造成了巨大的影响，海上丝绸之路从此走向衰落。清朝末年，受外来列强侵略的影响，沿海口岸逐渐解禁，但海关、税收等权力却都落到了殖民者手中。海关自主权的丧失，标志着海上丝绸之路走向停滞。

海禁与解禁

清朝初年，为对抗郑成功等海上反清势力，防范民众与其联络，朝廷颁布了全面禁海的命令。顺治十三年（1656），严禁"商民船只私自下海"，并严申：凡沿海地方口子，处处严防，不许片帆入海。顺治十八年后，为了进一步禁海，又下令强行迁海："迁沿海居民，以垣为界，三十里以外，悉墟其地。"康熙三年（1664），清政府颁布法令，严禁"商民船只私自下海"，又令再徙内。这些海禁政策的实施，给沿海地区百姓的生活造成了巨大的影响，东南沿海部分地区成为废墟，海外贸易受到压制，基本处于停滞状态。

康熙二十三年（1683），清军攻占台湾后，康熙接受东南沿海官员的请求，开放出海政策，允许百姓制造装载 500 担以下的船只出海贸易和捕鱼，还为此在闽粤江浙设立了负责管理海外贸易事务和征收关税的"海关"。开放海禁后，东南沿海一带的海外贸易短期内就有了恢复和发展，东南各省的商船纷纷出海贸易，外国商船也纷纷驶来中国各口岸。这一时期，中国与安南（今越南）、暹罗（今泰国）、吕宋（今菲律宾）、日本的贸易最为频繁。中国的丝绸、茶叶、陶瓷器皿、布匹、药材等在海外最受欢迎，同时也输入象牙、翡翠、香料

康熙画像

等奢侈品，还有棉花、毛棉织物等物品。但是，康熙时期对海禁的放开是有限制的，并不能满足当时的贸易发展需要。此后，日本德川幕府为了减少中国商品对其经济所造成的冲击，采取多种措施限制中日之间的贸易。此时，海上丝路的贸易与明代相比已经大大减弱。乾隆以后，清政府开始实行全面的锁国政策，从四口通商退缩到由广州十三行垄断进出口贸易。闭关锁国让清朝政府错过了与世界同步发展的关键期。而此时经历了工业革命的西方世界迅速发展，掌握了世界发展的主动权，逐渐超越了以清朝为首的东方世界。

海权的沦丧

1840 年爆发的鸦片战争，打开了中国的大门，古老的中国开始走入充满耻辱与抗争的近代社会。在近一个世纪中，中国不断受到来自外国的入侵，一系列不平等条约的签订更使得海权丧失殆尽，古老的海上丝绸之路走向了停滞。

鸦片战争打开国门

19 世纪中期，率先完成工业革命的英国成为最发达的资本主义国家。先进的生产力为英国带来了丰富的商品，也促使其迫切地寻求海外的商品

第一次鸦片战争中的海上战斗场景

虎门销烟的历史场景

倾销地。在国际贸易中，当时中国的茶叶、丝绸等产品都是西方社会需要的奢侈品，而英国的毛呢等工业制品并不能进入中国市场。中国售出的货品比进口的货品多，造成了英国政府和商人的极大不满。他们急需找到一种中国需要的货物来扭转对华贸易的逆差。在此背景下，英国商人开始无耻地向中国走私鸦片。大量走私进入中国的鸦片给清朝政府造成了巨大的损失，白银每年外流数量高达六百万两。而鸦片对中国人的身心健康也造成了巨大的伤害，极大地降低了社会生产力。

随着鸦片的危害日趋严重，无论是在政府还是民间，对禁烟的诉求都愈加强烈。清道光十八年（1838）年底，道光帝颁布禁烟令，并派钦差大臣、两广总督林则徐（1785—1850）前往广州负责执行。林则徐到广州后，积极禁烟，搜集到了一大宗走私进来的鸦片，在虎门海滩集中销毁，这就是历史上有名的虎门销烟。但是，虎门销烟为英国殖民者找到了进攻中国的借口。1840 年 6 月，他们以保护通商为由，派出"东方远征军"，挑起了第一次鸦片战争。战争以中国的失败而告终。1842 年 8 月，英国强迫清政府签定了中国近代史上的第一个不平等条约——中英《南京条约》。清政

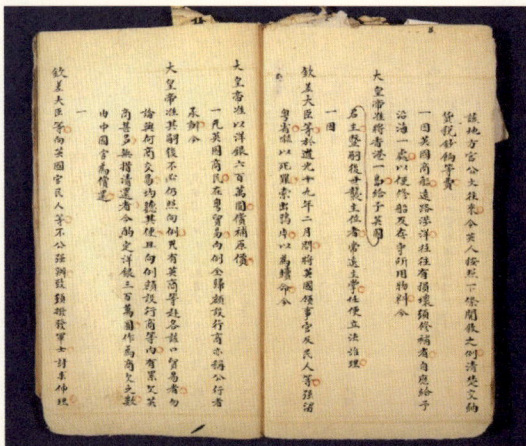

《南京条约》涉及割让香港的条款

府在割地赔款的同时，同意开放广州、厦门、福州、宁波、上海五处为通商口岸，史称"五口通商"。随后美国和法国也强迫清政府签定了中美《望厦条约》和中法《黄埔条约》，中国从此沦为半殖民地半封建社会。在此后的近一个世纪中，古老的中国不断受到来自列强的侵略，沿海、内河与内港的权益不断丧失。

海关自主权的丧失

多个不平等条约签定后，中国的关税自主权已基本丧失，所幸海关行政仍掌握在清政府的手中。但这种情况在1853年发生了变化，这年9月，上海小刀会在太平军的影响下起事，占领了上海县城，捣毁了迁设租界外滩的江海关。英军趁机占领了海关，停止了关务。此时，外商船舶可以自由出入上海港，但因为受到外国势力的阻挠，江海关的征税工作却难以恢复。1854年夏天，英国领事阿礼国提出中外合组海关的方案。两江总督怡良派遣使者与英、美、法三国驻沪领事会晤，最终达成了协议：由三国领事各方分别提名一人任税务司，税务监督由中国任命，一同管理江海关的征税事宜。1858年，清政府与英、美、法签订的《通商章程善后条款》对该条款作了修改。1859年，英国人李泰国被清政府任命为总税务司，开始募用外国人在各个口岸担任税务司。从这以后，外籍税务司管理中国海关成为制度。1861 年，英国人赫德任总税务司，此后管理中国海关长达近半个世纪。

从此以后，清政府丧失了海关自主权，这标志着海上丝绸之路进入停滞状态。

清宫中的外国人

明末清初是东西方文化交流的高潮时期。从 17 世纪意大利传教士利玛窦进京始，到 18 世纪末耶稣会解散止，约两个世纪的时间里，都城北京一直是东西方文化交流的中心。虽然清廷选择对外闭关锁国，但是环绕在皇帝周围的却不乏外国人，比如钦天监的掌印官汤若望、西洋帝师南怀仁、数学家白晋、音乐家徐日升以及创建宫廷玻璃作坊的纪理安。其中最为人所熟知的，当是宫廷画师郎世宁。

郎世宁（1688—1766），原名朱塞佩·伽斯底里奥内，出生于意大利米兰。康熙五十四年（1715），郎世宁作为天主教耶稣会的修道士来到中国进行传教，住进了清宫如意馆。他是当时著名的宫廷画师，曾参与圆明园西洋楼的设计，历康、雍、乾三朝，为清朝统治者绘画达 50 多年。

郎世宁到达中国的时候，酷爱艺术和科学的康熙皇帝已经 62 岁。他虽然没给郎世宁传教的机会，却把他当成艺术家，让他做宫廷画师，给以礼遇。康熙皇帝去世后，雍正皇帝即位，传教士大多受到冲击，只有在宫廷里服务的教士一仍其旧。雍正皇帝下旨让郎世宁为中国传统宫廷画家传授欧洲油画技艺，一时间欧洲油画得

紫禁城里的洋画家郎世宁

以在宫廷内流行。在这一时期，郎世宁创作了大量作品，可惜其中多数已经失传。雍正二年（1724）扩建圆明园，使郎世宁的绘画才能有了展现的机会。他在圆明园里居住了较长时间，画了很多作品来用于装饰宫殿，既包括大量的油画，也包含一些欧洲焦点透视画。雍正皇帝对郎世宁的作品大加赞赏，曾经就一幅人物画的图稿评道："此样画得好！"

雍正皇帝在位的时间只有13年，之后由乾隆皇帝承继大统。乾隆皇帝对诗文书画十分喜爱，很重视宫廷绘画，郎世宁又得到了乾隆皇帝的恩宠。乾隆登基时年仅25岁，每天都会去画室看郎世宁绘画。在郎世宁70岁寿辰时，乾隆皇帝为他举行了十分隆重的祝寿仪式，不仅赏赐了丰厚的寿礼，还亲笔为他书写了祝词。

郎世宁虽然一直在深宫为帝王画像，但并没有忘记自己作为传教士的职责。有一天，乾隆皇帝照例来看他作画，郎世宁突然跪倒在地，向他申诉有关"我们的教律受到谴责"一类的话，还从怀里掏出用黄绸包裹的耶稣会奏折呈上。在当时来看，这一举动十分大胆，但乾隆皇帝并没有斥责他，只是淡淡地说："朕并没有谴责你们的宗教，朕只是禁止臣民皈依罢了。"从此以后，每天清晨郎世宁入宫时都要被搜查一番，以确保他没有怀揣奏折。

郎世宁在深宫日久，熟谙清宫生存之道。有一天，郎世宁为乾隆妃嫔作画，显得有些局促不安。乾隆笑着问道："卿看众妃谁最美？"郎世宁诚惶诚恐地答道："天子的妃嫔个个都美。"乾隆继续追问："昨天那几个妃嫔中，卿最欣赏谁？"郎世宁答道："微臣没看她们，当时正在数宫殿上的瓷瓦。"乾隆问："瓷瓦有多少块呢？"郎世宁回答："30块。"皇上命太监去数，果然不错。

作为宫廷画师，郎世宁将乾隆一生中的大事都一一入画，包括战争、狩猎及宴会等。他最好的作品之一《哈萨克贡马图》，笔触挥洒自如，景物生动逼真。

郎世宁于1766年去世，享年78岁。乾隆皇帝御赐距都城数千米外的一块土地给他作为墓地，还亲自为他撰写了墓志铭，他的丧礼可谓备极哀荣。

哈萨克贡马图

"南海Ⅰ号"博物馆外观

海上丝路听潮

徐福东渡、晁衡仕唐，马可·波罗元朝为官、利玛窦敲开国门……我们渡海前去，他们漂洋来朝。

衣被天下的丝绸、化土为玉的瓷器、清香扑鼻的茶叶，中华瑰宝随船西行。玉米、辣椒、番茄，丰富了中华饮食；丁香、沉香、伽南香，异香扑鼻；洋缎、西洋布，为我先民换上新装；珊瑚、猫儿眼、祖母绿，贵气逼人；珐琅、玻璃、自鸣钟，洋货新奇；舶来品改变了华夏的生活。

南海神庙护佑一方，波斯巷曾笙歌鼎沸，高丽馆曾繁华熙攘，南海I号为我们献上了众多出水文物……丝路上残存的遗址遗迹，令人心驰神往。

漂洋过海相互交流

徐福

　　1980 年 4 月的一天，日本佐贺金立山上的金立神社，正在举行一场大型祭祀活动，参加者成千上万，热闹非凡。信奉同一氏神的"氏子"们将

日本徐福公园中所立徐福雕像

神像从金立山的上宫抬到下宫，次日，再将神像抬到海边举行祭祀活动。抬着神轿的轿夫头戴黑色礼帽，身穿白色礼服，都是受过高等教育的优秀青年。这尊被众人抬着的神像正是我国秦朝时期的一名方士——徐福。金立山周围的居民，每年都要举办一次纪念徐福的活动，每 50 年举办一次徐福大祭。而这一年正是金立神社创立 2200 周年，也是徐福东渡 2200 周年。

　　远在大海之外的异国为何要举办如此隆重的祭祀活动，来纪念我国两千多年前的一位方士呢？一切还得从那场久远的跨海东渡说起。

　　2000 多年前，秦始皇完成了六国统一大业，成为至高无上的"始皇帝"。为了永享至高无上的权力，他开始寻求长生不老之术。秦始皇二十八年（前 219），秦始皇首次东巡，由芝罘（位于今山东烟台）南行至琅琊，于琅琊山上建立琅琊台，并刻石颂秦之功德。这时，齐地有一位名叫徐福的著名方士，与一众方士向始皇上书，说大海之中有三座神山，分别名叫蓬莱、方

丈、瀛洲，希望能斋戒沐浴，前往求仙。这一请求正中秦始皇下怀，他当即应允，派遣徐福去海外求仙。

当秦始皇再度东巡，返回途中经过琅琊时，徐福等人入海已经过去了9年时间。求仙之说，本就缥缈无稽，在茫茫海上寻找仙山谈何容易。数年过去，徐福耗费巨资却一无所获。就在徐福寻找仙药期间，大秦土地上发生了骇人听闻的坑杀术士事件。原来，求仙心切的秦始皇多次派遣术士四处

求取仙药，术士们求药无果只好花言巧语一再欺骗秦始皇，直到无计可施便畏罪逃亡，不知去向。秦始皇得知后大怒，以"诽谤"罪名坑杀术士460余人。徐福因东渡未归幸免于难。

面对暴虐无常的秦始皇，徐福已经敏锐地感到了自己的政治处境十分危险，他在心中悄悄酝酿了一个计划。他精心编织了一个谎言，说要求得蓬莱仙药原本不难，只是海上常有鲛鱼出没，希望秦始皇能派善射者一同前

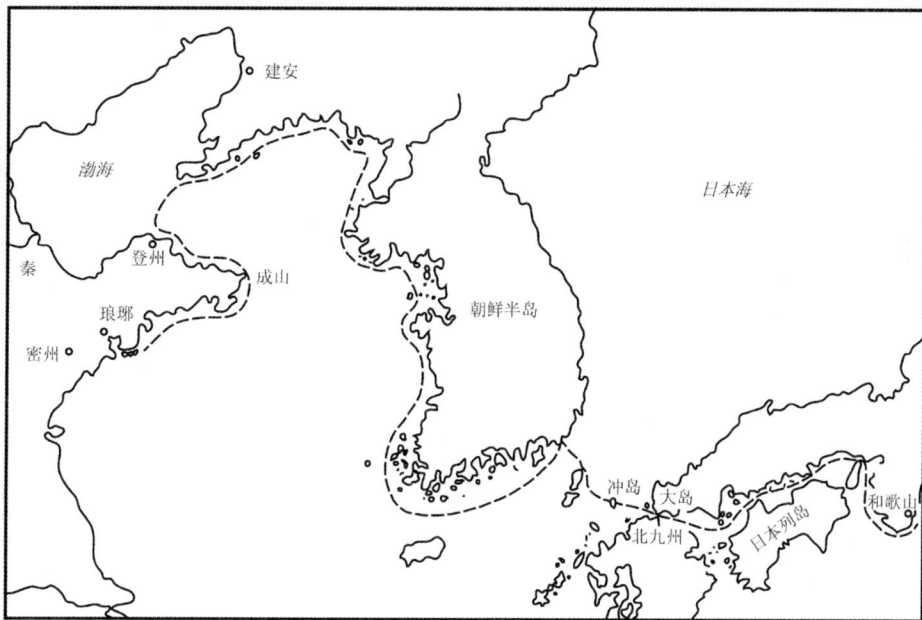

徐福东渡路线图

往，遇到鲛鱼就用连弩射杀；又称自己见到了海神，海神因不满秦始皇礼品微薄，只带领他们一行人前去观赏神药，若要求得神药还需献上童男童女及掌握各种技艺的百工。求药心切的秦始皇在无法核实徐福这番话真伪的情况下，依然同意遣发三千童男童女，并供给五谷种子和各种工匠。

就这样，徐福率领数十艘大船，踏上了前路难测的航海之旅。从小生活在海边的徐福，又亲身经历多年海上艰苦探索，选择了一条相对安全的路线。只是在那个造船技术极为落后，航海经验十分缺乏的年代，徐福几乎是在与上苍进行一场生死未卜的博弈，而筹码就是自己与三千童男童女以及众多百工的性命。

经过漫长的海上漂流，终于登上了一片土地。这里有平原千里、沟河湖泊，相传即是今日的日本。他带领童男童女以及百工在此处安居，安稳地度过了余生。

而对日本来说，徐福的东渡，直接促成了"弥生文化"的诞生。徐福带去的农耕、纺织和医药技术，为日本文化的发展和技术的进步起到了重

徐福庙

要的推动作用。徐福也成了日本人民心目中的"农神"和"医神"。近些年来，日本考古学家在福冈县板付遗址中，发现了碳化米粒遗存，说明在那个历史时期，日本人民开始了农业生产，尤其是水稻种植。而出土文物也表明，这一时期的日本人民开始使用青铜器和铁制生产工具以及丝织品等，而这些都是由被称为"渡来人"的大陆移民带来的文化和技能。日本学界也普遍认为："弥生文化源于中国北方沿海文化。"因为徐福对日本文化发展作出的巨大贡献，使其在该国有着崇高的地位。根据资料统计，日本的徐福遗迹有 50 多处。今天，日本新宫的徐福墓，还有 1071 字的墓碑。新宫市内更有制作和销售"徐福天台乌药""徐福寿司""徐福酒"等商品的商家。新宫蓬莱山内的徐福神龛，被称为"徐福之宫"。这里每年都会举行"御船祭""灯祭"等活动祭祀徐福。

在徐福之前，如此大规模的出海航行，即便在世界航海史上也是罕见的。无论徐福东渡的真正原因是什么，他勇于探索、敢于开拓的精神与胆略，为开辟海上丝绸之路作出了贡献。而徐福和以他为代表的大陆移民对日本文明进程的推动，更是中日两国自古交好的印证。

天台乌药

遣唐使

唐朝诗人李白曾写过一首诗名为《哭晁卿衡》："日本晁卿辞帝都，征帆一片绕蓬壶。明月不归沉碧海，白云愁色满苍梧。"从诗中可以看到，友人晁衡不幸沉海，诗人十分伤心，他将友人的死比作明月沉海，一片愁色笼罩在天地之间。这首诗词句清丽，哀婉动人，至今读来仍能感受诗人彼时化不开的忧伤。那这位让自来落拓不羁的李白也为之萦怀的晁衡是何人呢？他又因何会"沉海"呢？

晁衡仕唐

在1000多年前的日本，有这样一批人，他们沿着东方海上丝路千里迢迢来到当时的中国。受航海技术的限制，船只并不能完全抵御海上的狂

李白雕像

风巨浪。他们冒着生命危险，一次又一次跨越大海来到大唐帝国，学习唐朝的先进文化，他们就是中日交流使者——遣唐使。日本自公元 7 世纪初就开始向唐朝派出使团，此举一直持续了两个半世纪。

阿倍仲麻吕画像

李白的友人晁衡就是跟随遣唐使来唐的留学生。他原名阿倍仲麻吕（698—770），入唐后改汉名晁衡。他天资聪颖，自幼勤奋好学，对汉文学尤为热爱。彼时的大唐正处于鼎盛时期，经济繁荣，文化昌盛，国威远播海外。阿倍仲麻吕对这个一衣带水的文章锦绣之地充满了向往，十分渴望入唐学习先进文化。那年不满 20 岁

的仲麻吕，被举为遣唐留学生，随载有 577 人的第八次遣唐船，共同前往他们仰慕已久的文化古都——长安。

开元五年（717），仲麻吕一行到达长安后，进入国子监太学，攻读《诗》《礼》《春秋》等经典，准备毕业后参加科举考试。仲麻吕聪敏勤奋，一举考中进士，并得以入朝为官。这是每一个十年寒窗的举子梦寐以求的目标。作为外来留学生，能获此殊荣，可见仲麻吕学识深厚、出类拔萃，亦可看到大唐包容开放的气度。

仲麻吕不仅学识渊博、才气过人，而且性格豪爽、广交多识。他和当时的著名诗人李白、王维、储光羲等均交往密切。储光羲对他欣赏有加，曾写诗《洛中贻朝校书衡，朝即日本人也》相赠，储光羲的诗名也因晁衡而远播于东瀛，并被供奉于日本京都的诗仙祠中。晁衡还曾送给李白一件日本裘，让这位才华横溢的大诗人大为感动。

仲麻吕居唐达 54 年之久，历仕玄宗、肃宗、代宗三朝，官至客卿，荣达公爵。异国的荣华富贵并没能减轻他对故国的眷恋之情。天宝十二载（753），仲麻吕获准随日本第十一次

王维雕像

遣唐使团归国，并被聘为日本使节。消息传出后，素与仲麻吕交好的诗友们依依不舍，纷纷挥毫写诗为之送别。时任尚书右丞的诗人王维为之作诗赠别，"积水不可极，安知沧海东。九州何处远，万里若长空……乡树扶桑外，主人孤岛中。别离方异域，音信若为通"。这首诗表达了两人之间深厚的友谊及惜别之情。

十月，仲麻吕随团从苏州出发回国。是夜皓月当空，仲麻吕凝视海面，既惜别中国，又思念故土，遂口占一绝："翘首望长天，神驰奈良边。三笠山顶上，想又皎月圆。"然而，命运似乎有意为难归心似箭的仲麻吕，他所乘坐的大船在海上遇到风暴触礁，并与其他船只失去联系。登陆后又惨遭当地人追杀，全船仅 10 余人幸免于难。当航船海上遇难的消息传回大唐，友人们以为仲麻吕已遭不测，十分难过，李白更是悲痛不已，挥泪写下了名篇《哭晁卿衡》。天宝十四载（755），仲麻吕脱险再入长安时，读到李白的诗，大为感动。之后，他继续在唐朝为官，最后终老于长安。

中日使者

仲麻吕以他非凡的学识和高尚品德赢得了大唐君臣的器重和信任，他为增进中日友好、促进中日文化交流作出了贡献。

日本政府很重视遣唐使和留学生、学问僧的选拔，很多成员都是通晓经史、学问深厚且醉心汉学、熟悉唐朝的文学之士。这些使者和仲麻吕一样，到唐后很注意学习中国文化并与唐朝名士交往。除了遣唐使和留学生、学问僧之外，还有医师、乐师、画师、各行业的工匠，他们都是各行业出类拔萃的人士，受到唐人的大力推崇，

同时他们也悉心向唐人学习先进的技术，并将其传回日本。

遣唐使在大唐通常逗留一年左右，他们在长安及内地四处参观访问，以领略大唐风土人情。归国前朝廷会举行饯别仪式，设宴畅饮并赠赐礼物。唐朝朝廷除优待使臣外，还会给日本朝廷赠送大量珍贵的礼物，以表现泱泱大国的风度。遣唐使等人回国都携带着大量经史子集等典籍，使中国文化风靡于日本封建社会。很多人受中国文化熏陶之后，主动成为汉文化的热心传播者，让中国传统文化渗透到了日本的文学、艺术、风俗习惯等各个方面。

历史贡献

遣唐使们为日本的历史发展作出了巨大的贡献。他们引进唐朝典章律令，推动了日本社会制度的革新，使日本成为一个律令制国家。他们效仿唐朝的制度进行改革，还参照唐朝时的教育制度，开设各种学校教授汉学，培养人才。此外，他们还积极吸收盛唐文化以提高日本的文化和艺术水平。日本朝野上下竞相摹写唐诗汉文，

白居易、储光羲等唐代诗人的诗集在日本广为流传。来唐的留学生和学问僧甚至借用汉字偏旁或草体创造出日本的假名文字。不仅如此，唐朝的书法、绘画、雕塑、音乐、舞蹈等艺术，以及围棋、相扑、马球等技艺和体育活动也是从唐朝传入的。至今我们还能从日本的和服上看到唐装的影子，保留下来的唐式建筑也留存很多。

日本宽平七年（唐乾宁二年，895），唐朝政局已经动荡不安。同时，经过200多年的唐文化移植，日本已基本完成模仿和吸收，开始在此基础上孕育生成日本特有的国风文化，对中国文化的学习已不那么迫切。遣唐使每次耗费巨大，加上路途艰辛，实属不易。这一时期，唐朝与日本之间的贸易活动不断增加，也弥补了过去靠遣唐使解决对唐货需求的不足。遣唐使的派遣逐渐停止了，但这条丝路上的贸易交往却越来越频繁，成为东方海上丝路的主要组成部分。

唐朝的绘画

马可·波罗

马可·波罗

蒙古铁骑建立了横跨欧亚的大元帝国，打破了各民族政权疆界的限制，使得商旅和人员往来日益频繁。元朝以前，欧洲人对中国这个古老东方国度的认识十分模糊。元朝时，世界各国的商人、使者、旅行家或循陆路、或沿海路慕名而来。在这些来往的旅行家中，最著名的一位就是马可·波罗。

威尼斯商人

马可·波罗（1254—1324）是 13 世纪意大利著名旅行家、商人。他出生于威尼斯——一个古老的商业城市，他的家族世代经商，父亲和叔叔经常奔走于地中海东部进行商业活动。马可·波罗对欧洲以外的世界充满了好奇。1271 年，17 岁的他终于等来机会跟随父亲和叔叔，开始了神秘的东方之旅。

3 人离开威尼斯后，向南进入地中海，再横渡黑海进入两河流域到达巴格达，然后沿着波斯湾一路前进，登陆后再经古代丝绸之路东行，翻过帕米尔高原到达新疆喀什。这次旅行并不顺利，一路凶险重重，他们不仅要跟沙暴、风雪、缺氧和干旱抗争，还要面对当地武装冲突带来的威胁。有时马可·波罗望着夕阳下的沙漠，商队驼铃声声，一眼望不到尽头的沙漠显得寂静又荒凉，可他坚信只要穿越沙漠，便是繁华的锦绣之都！

东方之旅

元至元十二年（1275）的夏天，马可·波罗一行终于抵达元朝上都（今锡林郭勒盟正蓝旗），觐见了元世祖忽必烈。忽必烈十分钦佩他们的毅力，对马可·波罗这位聪明好学的欧洲青年更是器重，让他留在朝廷为官。一个异域青年能受到这样的重用是何等殊荣。期间，马可·波罗多次奉命出巡各地，以随员的身份到过中国许多地方，包括济南、扬州、杭州、成都、大理等地。每至一处，他都会被当地的风土人情所吸引，他将杭州称为"世界上最美丽华贵之天城"。

彼时的中国正是世界上最强大、最富庶的国度，高度发达的经济和文化让这位异域青年眼花缭乱，为之倾倒。马可·波罗后来回忆说："一种出乎意料的情形是礼貌、文雅和恭敬中的亲热，这是他们社交上的特征。在欧洲常见的争闹、打斗和流血的事，这里却不会发生，即使在酩酊大醉中也是一样的。忠厚是随处可见的品质……他们的牲畜如果走失了，大家会帮着寻找，很快就能物归原主。粮食虽然常常匮乏，但他们对于救济贫民，却十分慷慨。"在马可·波罗笔下，一个彬彬有礼、安居乐业的礼仪之邦呈现在世人面前。

至元二十六年（1289），伊利汗

丝路风光

派三名使者来元朝请婚，忽必烈下令从贵族中选取阔阔真公主下嫁伊利汗，马可·波罗可随使臣护送阔阔真公主并取道波斯归国。马可·波罗一行于至元二十八年从泉州启程，这次他们改走海上丝绸之路，经过4年的航行，终于回到了家乡威尼斯。

载誉归来

归国后，马可·波罗在威尼斯与热那亚的战争中成了俘虏。在狱中，他口述了许多有关中国的故事，由其狱友鲁斯蒂谦记下，这就是著名的《马可·波罗行纪》。

带回许多东方珍宝的马可·波罗成了富翁，人称"百万君"，但这个"百万"的称号也含有嘲讽意味，马可·波罗在游记中言必称"百万"，对于他的"天方夜谭"，威尼斯人大为怀疑。

他在游记中说，杭州有10个庞大市集、房屋160万栋、工场14万家。被欧洲人视为奢侈品的胡椒，杭州人却每天消耗近5吨。最令威尼斯人不服气的是，他说城内石桥有12000座

丝绸

之多，桥下皆可通大船，号称"水城"的威尼斯都不曾有如此多的大桥。他还称见到了喷油的泉（油田）、可燃烧的石头（煤）、用纸张来作货币（纸币）。大家惊讶极了，没人会相信：人们拼命工作，得到的报酬会是一张纸，而不是金币、银币。

面对人们的质疑，马可·波罗拿出从东方带回来的宝物，有象牙、玉器、瓷器、丝绸及纸币等。他告诉威尼斯人："东方遍地是黄金、珠宝、丝绸和香料，只要人们愿意付出代价敢于冒险，就能获得丰厚的利润。"对马可·波罗讲述的"东方博览会"，许多人是相信的，从而对中国这个神秘国度充满了好奇，并做起了海外寻宝的财富梦。

疑云重重

自 1298 年《马可·波罗行纪》成书之日起，700 多年来关于它的争论从未停止。英国图书学者伍德最早系统论证马可·波罗从未来过中国，她说："故事太精彩了，但……就像很多伟大的历史传奇，记载的都是神话。"她在书中举出证据："如果马可·波罗真到过中国，为什么最重要的事物如长城、茶、筷子、方块汉字、

长城

89

筷子

女人绑小脚……全给漏掉了？"

的确，对于一个外国人来说，中国人拿两根"棍子"吃饭不是太有趣了吗？女人们居然会用布将脚裹起来，这简直不可思议。对于这些，马可·波罗竟然只字未提，整本书中，几乎看不到半点汉文化痕迹，更没有任何与汉人的交往记录。书中关于中国风土人情的记载也过于泛化，让人读来颇有隔靴搔痒之感。更加令人怀疑的是，翻遍元朝史书，甚至是诸事详尽的皇帝实录，也从未有只言片语提到马可·波罗这个人。

有人怀疑，所有关于中国的一切，都是他从波斯商旅的营帐里听来的。马可·波罗临死前，教士让他忏悔承认那本游记是一派胡言，然而奄奄一息的马可·波罗仍然坚称，自己没有欺骗过任何一个人。我国著名史学家

杨志玖也在读《永乐大典·站赤》条时，发现了其中有几个人名和《马可·波罗行纪》里面所提的人名相吻合，杨先生继续深究下去，发现了更多马可·波罗到达中国的确凿证据。

历史贡献

人们称赞《马可·波罗行纪》说，"这不是一部单纯的游记，而是启蒙式作品，对于闭塞的欧洲人来说，无异于振聋发聩，为欧洲人展现了全新的知识领域和视野"。

《马可·波罗行纪》，在欧洲广为流传，激起了欧洲人对东方的强烈向往，对后来新航路的开辟产生了巨大的影响。《马可·波罗行纪》打破了欧洲中世纪的宗教言论和"天圆地方"学说，丰富了欧洲人的地理知识；西方地理学家还根据书中的描述，绘制了早期的"世界地图"。此书还对航海事业的发展起到了巨大的推动作用。当时的许多航海家包括意大利的哥伦布、葡萄牙的达·伽马等新航路的开辟者都是读了这本书以后纷纷东来，开启了大航海时代。从此，中西交通更为便利，也大大促进了文化的交流。

利玛窦

利玛窦

　　400多年前，3艘西班牙大帆船从里斯本出发，穿过好望角凶险的海域，经过印度洋，用8年时间将一位意大利年轻人送上了中国澳门口岸。这位年轻人从澳门开始，途经肇庆、南昌最终到达北京。他努力接触中国明朝的士大夫们，并最终得到了士大夫们的认可。这个年轻人叫利玛窦（1552—1610），他除了传播天主教之外，还带来了西方的科学文化知识，成为明末西学东渐的开启者之一。

穿汉服的传教士

　　早在唐朝时，中国就曾一度流行基督教的聂斯脱里派（景教），至今还有大秦景教流行中国碑传世。但是，到明朝建立时，中国已基本没有基督信徒。当时正值基督教大规模东传之际，众多传教士离开欧洲踏上传播教义的世界之旅。作为其中的一员，利玛窦中国之行的最主要目的也是为了传播天主教。中国人的宗教观念并不浓厚，几千年来只有佛教得以在中国扎根，面对这个外来的陌生宗教，中国人并不感兴趣。

　　明万历十一年（1583），利玛窦获准入住广东肇庆。为了引起中国人的兴趣，获得他们的好感，利玛窦对中国官方声称自己来自"天竺"，甚至故意让中国人把他当作佛教徒。为了传教，他携带了大量西方用品，比如圣母像、星盘、地图和三棱镜等。利玛窦的良苦用心并没有白费，这些第一次出现在中国土地上的新事物，激发了中国人的好奇心，尤其是那张地图，更是令一直将自己生活的土地当作世界中心的中国人大开眼界。

　　西方的新事物让中国人充满好奇，

穿汉服的利玛窦

灿烂辉煌的中国文明也让利玛窦赞赏不已：除了还没有沐浴"我们神圣的天主教信仰"之外，"中国的伟大乃是举世无双的""中国不仅是一个王国，中国其实就是一个世界"。他甚至认为"柏拉图在《理想国》中作为理论叙述的理想，在中国已被付诸实践"。中国人的博学也令他钦佩，"医学、自然科学、数学、天文学都十分精通"。只是他觉得"在中国人之间，科学不大成为研究对象"。因而，他在传教的过程中注重引进西方科学。

万历十三年（1585）八月，利玛窦在肇庆建立"仙花寺"，正式开始传教工作。起初，传教十分低调，神父们行事小心谨慎，并且认真学习汉语和中国礼节习俗，以博得中国人尤其是官员们的信任。他们身穿僧侣的服饰，却挂上了圣母玛利亚的画像，这样不伦不类的装扮竟吸引了许多士人、官吏，甚至僧人前来跪拜，传教工作初见成效，这让他们感到非常兴奋。

在中国传教期间，利玛窦十分注重和明朝的士大夫们结交，在与上流社会交往的过程中，他发现宗教人士的地位在中国远不如西方，先前的僧侣装扮在当时的中国并不受到尊重，于是他开始留发蓄须，并改换儒士的服装。除了服装的改换，利玛窦更是潜心汉学。李贽这样描述利玛窦："凡我国书籍无不读，请先辈与订音释，请明于《四书》性理者解其大义，又请明于《六经》疏义者通其解说，今尽能言我此间之言，作此间之文字，行此间之礼仪。"在儒学外衣的包装下，大家甚至揣摩利玛窦此行目的是"欲学吾周孔之学"。李贽以"内极玲珑，外极朴实"评价他可谓精准。利玛窦深刻把握住了中国人的心态，将自身形象、传教方式、天主教义尽力儒化，以国人能接受的面目呈现。

经过10余年的努力，利玛窦"驱佛近儒"的策略终于收到了成效。万历二十四年（1596），利玛窦被任命为耶稣会中国教区的负责人，并全权负责在中国的传教活动。然而，利玛窦认为这些还远远不够，他的下一个目标就是北上进京，朝觐皇帝，以最高统治者的权威让他的传教工作得到保障。

进京朝觐之行

万历二十八年（1600），利玛窦开始策划北京之行。次年，在时任礼部尚书王忠铭的带领下终于抵达北京。一到北京，他就将一份礼单呈献给万历皇帝，包括自鸣钟、《圣经》、《万国图志》、大西洋琴等16件贡品。万历皇帝对这些贡品十分喜爱，他将自鸣钟留在身边把玩报时，由于自鸣钟构造复杂，需要教士们定期维护，每当自鸣钟钟摆停止时，皇帝身边的

太监就会尖着嗓子喊："还不快叫利玛窦来修！"这为传教士们频繁进入宫廷提供了机会。对利玛窦进奉的大西洋琴，万历皇帝也倍感有趣。他命利玛窦教太监演奏。利玛窦一边教授太监，一边以中文填词谱曲，起名《西琴八曲》。悠扬的琴声时时回荡在古老的皇宫，每当这时，万历皇帝就会想起这位来自西洋的神父。利玛窦的"方物外交"再次获得了成功，传教士们进入宫廷，同时得到了万历皇帝的赞赏与信任，得以留在北京长住。

然而，利玛窦始终没有忘记自己传教的目的。在朝廷的许可下，他选中了宣武门内的一块土地修建教堂，这就是著名的南堂——北京地区现存最古老的天主教堂。就这样，利玛窦稳扎稳打，以"润物细无声"的渗透方式，在京城打开了局面。有了教堂后，他常常在教堂里举办西方图书和科学仪器的展览，吸引了大批官员和儒士前来参观，从而扩大了天主教在士大夫中的影响。至此，利玛窦的传教工作可谓硕果累累。

万历皇帝画像

西学东渐的典范

带着西学而来的利玛窦促成了晚明以来士大夫学习西学的风气。自明万历（1513—1620）至清顺治（1644—1661）年间，一共有150多种西方书籍翻译成中文。利玛窦撰写的《天主实录》以及和徐光启等人翻译的《几何原本》等书，给中国带来了许多先进的科学知识和哲学思想，许多中文词汇，如点、线、面、锐角、三角形、四边形、几何、星期等都是由他们创造并沿用至今的。除此之外，利玛窦的贡献还在于他绘制了《坤舆万国全图》，可以说是中国历史上第一张世界地图。明神宗得到这张地图后，于万历三十六年，下诏摹绘12份。这张地图极大地震撼了中国的先进知识分子，使他们突破了中国人原有的狭隘观念，对世界有了全新的认识。原来我们所生活的地球是圆的，原来除了

李贽雕像

中国之外还有更为广阔的世界。《坤舆万国全图》问世后不久，在江户时代（1603—1867）前期也被介绍到了日本。这使得日本人传统的崇拜中华的"慕夏"观念发生了根本性的变化，对日本地理学的发展，有着很重要的影响。北极、南极、地中海、日本海等词汇皆出于此地图。至今，日本仍称17世纪至18世纪的地图为"利玛窦系地图"，足见其影响之大。

李贽《赠利西泰》诗云："逍遥下北溟，迤逦向南征。刹利标名姓，仙山纪水程。回头十万里，举目九重城。观国之光未，中天日正明。"在李贽眼中，不远万里来到中国的利玛窦只是一位旅行家，而这位"旅行家"却不显山不露水，以自己小心翼翼、谦卑诚恳的态度成功打开了中国的大门，对中国人民有着"开化"之功。

阿拉伯有句名言，"知识虽远在中国，亦当求之"。古代中国是充满魅力的，不单是丝绸、茶叶、瓷器，不单是文化、理念、制度，甚至是古代中国人民昂扬的精气神，就足够吸引各洲各族的人们不远万里前来。通过海上丝路，不同文明在这里碰撞、交流，最后和平地融合。他们踏浪而来，我们渡海而去，海上丝路像一条迎风招展的蓝色飘带，将不同的文明带向遥远的异域，浸润着远方的风土。

航船上的瑰宝

衣被天下的丝绸

《红楼梦》第四十回中，贾母同刘姥姥逛大观园，行至潇湘馆，贾母见窗上纱的颜色旧了，叫人从库房中取出四匹纱来糊上。岂料这四匹流光溢彩的纱连自称"纱罗也见过几百样"的王熙凤也说没见过，座中只有贾母能识。原来这四匹纱罗叫作"软烟罗"，共四样颜色，分别为：雨过天青、秋香色、松绿色、银红色。若做了帐子，

蚕蛹

糊了窗屉，远看好似烟雾一般，故名"软烟罗"。

罗，与锦绸、缎、绫、绢等都是丝织品的一种。在曹雪芹笔下，寥寥数语已让我们目眩神迷。整本书中，关于丝绸的描写更是随处可见，不禁令人对光彩夺目的中国丝绸产生了无限遐想。

东方丝国

中国是丝绸的发源地，早在反映周朝人民生活的《诗经》中，就可以看到许多对丝绸、桑、蚕的记载。如《秦风·终南》中有"锦衣狐裘，颜如渥丹"；再如《郑风·丰》中有"衣锦褧衣，裳锦褧裳。"《豳风·七月》这首反映农业生产的诗歌更是生动细致地描绘了养蚕织丝的情况：春光明媚，莺声呖呖。姑娘们背着竹筐，相偕采桑。七月里伯劳鸟儿叫，到八月即可缫丝纺线，待纺好、织好、染好，一匹漂亮的丝绸就完成了。这既是一首流淌着诗意的文学篇章，也是古代劳动人民养蚕缫丝的生活还原。

素纱襌衣

　　早在先秦，我国蚕桑技术已经相当成熟，后经秦汉、唐宋、元明等朝代的发展，丝绸及各类丝织品在工艺上不断提高，品种上也不断增加。到了明清之际，丝绸工艺已臻于完美，纺、锦、绫、罗、绸、缎、纱、绢等丝织品可谓应有尽有，令人眼花缭乱。

　　1972年，长沙马王堆汉墓中发现了大量的丝织品，尤其是两件素纱襌衣的出土更是让人惊叹不已。这两件襌衣衣长128厘米，由上衣和下裳两部分构成。面料为素纱，边缘镶有几何纹绒圈锦。素纱丝缕极细，重仅49克，竟不到一两，可谓"薄如蝉翼""轻若烟雾"。其色彩之鲜艳，纹饰之绚丽令人目眩。

万里扬名

西汉张骞出使西域，打通了中西方的商路，被司马迁称作"凿空之旅"，中西贸易逐渐频繁。通过这条漫漫长路出口到异域的货物中，精美华贵的中国丝绸最具代表性，人们将这条连通着中西方经济政治的道路命名为"丝绸之路"。

相传丝绸最初传入西方时，以其色彩绚丽、轻柔光亮迅速受到了欧洲人的赞赏与喜爱。但由于成本高昂，再加上商人居间垄断等缘故，竟与黄金等价，只有少数贵族妇女穿着丝绸，作为身份的象征。相传在罗马共和国时期，最高统治者恺撒有一次穿着丝绸看戏，遭到了人们的非议。

随着丝绸之路的开拓，丝绸越来越广泛地出现在人们的生活中。在太

阳王路易十四的年代，法国宫廷男女的服饰都是丝绸和刺绣装饰；贵妇人的高跟鞋鞋面也是用中国的丝绸织锦为面料，上面绣着各种精美图案。伦敦的贵妇人也视中国的丝绸服装为时髦。这些服装往往绣着龙凤呈祥、花开富贵等吉祥图案，古典又华贵，深得她们的欢心。据说有些贵妇还喜欢身着中国的丝绸服装，披着有中国刺绣的披肩，拿着来自中国的刺绣手帕，有的还别出心裁地请中国刺绣工匠绣制丝绸名片，把自己打扮成中国传统的大家闺秀，并自诩"东方美人"，足见中国丝绸的魅力。

养蚕

衣被天下

从中国的养蚕技术和丝绸外传时起，就对世界文明发展进程起到了重

法国路易十四时期的丝绸绣花高跟鞋

98

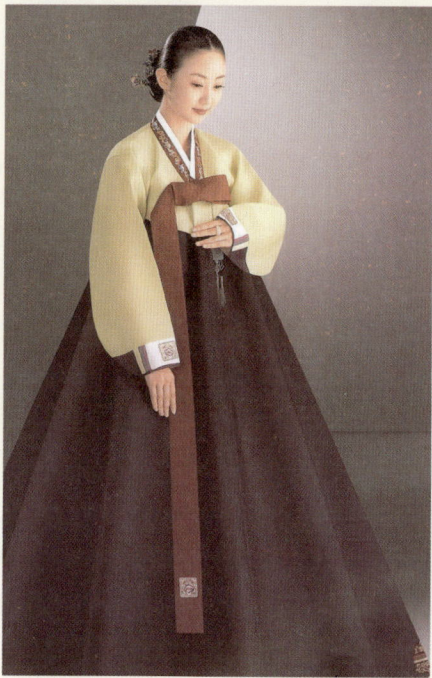

用丝绸制成的朝鲜民族服装

造技术。《汉书·地理志》曾记载了商代灭亡后，其后人箕子跨海入朝带去养蚕和缫丝技术的故事。民间也流传着秦始皇时吴地（今之江苏、浙江一带）兄弟俩从江南渡海去日本传授丝绸技术的故事。大约在 6 世纪，我国丝绸织造技术又传入中亚、西亚、欧洲和非洲的一些国家。随着欧洲殖民主义者进入美洲和澳洲，中国丝绸技术也沿着海路传到这些地区。丝绸及其织造技术的外传让中国的丝绸文化遍及世界各地。尤其是丝绸技术的推广，让中国丝绸真正做到了衣被天下。

丝绸是中华文化的象征，它不仅为中华民族创造出灿烂辉煌的服饰文化，更是渗透到古代文学的"血液"中。早在战国时期，人们就以"锦绣"代表最美丽的丝织物，"锦绣"一词进而又成了华贵、美艳的代名词，直到今天，我们仍然以"锦绣河山"来形容祖国的壮丽山河。丝绸在织就中华民族锦绣华章的同时，也沿着这条丝绸之路走向世界，将辉煌的华夏文明传播到世界的每一个角落。

要作用，中国生产的丝绸不仅改善了其他国家人民的着装，更成为一种文化渗入到其文明发展历程中。丝绸的外传，持续时间长达数千年，传播范围遍及五大洲，丝绸受到了世界各地人民的衷心喜爱和热烈欢迎，"衣被天下"的说法名不虚传。伴随着丝绸的外传，中国古代的丝绸织造技术也直接或间接地传遍世界。早在商周时期，朝鲜就已学习到了中国的丝绸织

化土为玉的瓷器

曹雪芹的《红楼梦》，几乎可以称作中国传统文化的"大观园"，从园林建筑到服装器物，从文玩古董到诗词歌赋，几乎无所不包。瓷器，作为中华文化中的重要元素，无论显贵巨贾还是寒士穷儒，无不钟爱有加。贾府这样的富贵之家，自然少不了瓷器的点缀。从王夫人房中的汝窑美人觚，到宝钗架上的定窑土定瓶；从妙玉侍茶用的成窑五彩小盖钟，到贾宝玉夜宴用的白粉定窑小碟子；这些精美的瓷器样样皆为稀世珍宝，令人叹为观止。

化土为玉的传奇

中国自古有玉器崇拜传统，然而玉石珍贵，十分难得，于是智慧的先民化上为"玉"，这便是瓷。3000多年以前已经出现了原始瓷器，至东汉发展出青釉瓷器。早期瓷器以青瓷为主，故青瓷被称为瓷器之根、瓷器之母。隋唐时期，形成南青北白两大以单色釉为主的瓷器体系，在花纹装饰上产生了刻花、剔花、印花、贴花、透雕镂孔等多种技巧。五代瓷器已相当成熟，河南柴窑有"片瓦值千金"之誉。至宋代，瓷器发展到鼎盛时期，烧瓷工艺已经完全成熟，名瓷名

康熙素三彩碗

窑遍及中国，当时的汝窑、官窑、哥窑、钧窑和定窑并称为宋代五大名窑。青花瓷是元代瓷器的代表。明代制瓷技术不断提高，表现在加釉方法的多样化。成化年间（1465—1487）的斗彩瓷，是在釉下青花轮廓线内添加釉上彩；嘉靖（1522—1566）、万历（1573—1620）年间的五彩瓷，则是不用青花勾边而直接用多种彩色描绘，这些都是明代著名的珍品。清代的瓷器，集历代制瓷工艺之大成，达到了灿烂辉煌的境界。康熙（1662—1722）时的素三彩、五彩，雍正（1723—1735）、乾隆（1736—1795）时的粉彩、珐琅彩，皆工艺精良，闻名中外。

中国历代瓷器发展各具特色。清代许之衡《饮流斋说瓷》中说："吾华制瓷可分三大时期：曰宋，曰明，曰清。宋最有名之有五，所谓柴、汝、官、哥、定是也。更有钧窑，亦甚可贵。"遗憾的是至今未发现柴窑窑址，也无实物出土，因此通常将钧窑列入，

成化斗彩瓷

与汝窑、官窑、哥窑、定窑并称为宋代五大名窑。

《国史大纲》中所记："又如陶瓷，亦是北方农民很早就发明的一种副业。唐代河南府有贡瓷，至宋，精美著名的陶业，尚多在北方。定窑在河北定州，以宋政和、宣和间为最良。南渡后称南定，北贵于南。汝窑在河南，柴窑亦在河南。唯昌窑（即景德镇）在江西，龙泉窑、哥窑在浙江处州。"

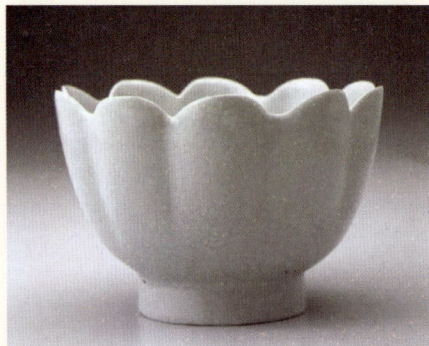

北宋汝窑青瓷莲花式碗

雨过天青的旧谣

上文所提及《红楼梦》中的瓷器，多出自宋代五大名窑，可见其华贵精美。王夫人的美人觚，就属于汝窑瓷器。汝窑，窑址位于汝州境内（今河南宝丰），此地盛产玛瑙石，工匠们就地取材，以玛瑙入釉，烧出的瓷器有"青如天、白如玉、蝉翼纹、晨星稀、芝麻支钉釉满足"的典型特征。由于汝窑烧制时间很短，传世瓷器格外少见，南宋时即有人感慨"近尤难得"。

有句古语说汝窑："天青为贵，粉青为尚，天蓝弥足珍贵。"这样的烧制标准从何而来呢？关于汝窑的颜色，流传着一个古老的传说。宋徽宗是个艺术品位很高的皇帝，对瓷器也是情有独钟。有一天他做了个梦，梦见雨后天空的颜色极美，醒来提笔写道："雨过天晴云破处，这般颜色做将来"，并下旨要求工匠们做出雨过天晴颜色的瓷器。这一道旨意难倒了无数工匠，唯有汝窑工匠技高一筹，烧出了"雨过天晴云破处"的颜色，所以汝窑瓷器以天青釉色为主。更令人惊奇的是，光照不同，汝窑瓷器颜色也会有所不同。阳光明媚时，其色青中泛黄，恰似雨过天晴，云散雾开之时，天宇澄澈，金光微泛；光线暗淡处，其色青中偏蓝，犹如一汪湖水，宁静清澈。其釉子稍厚处，如凝脂青翠，蜡滴微淌；釉子稍薄处，又如薄云晕染，晨曦微露。釉面温润古朴，抚之如绢，视之如碧峰翠色，有似玉非玉之美。无怪清代梁同书在其《古窑器考》一书中说："时唐即耀诸州悉有窑，而以汝为冠。"此书将汝窑瓷器定为诸窑之首。

海上陶瓷之路

从考古发掘状况来看，中国陶瓷外销大约始于唐代，当时作为中国特产随丝绸输往国外。唐宋以后，陶瓷成为海上丝绸之路上最主要的商品，所以又有"海上陶瓷之路"的称谓。到了宋元时期，随着航海业的发展，对外贸易进一步加强，中国的陶瓷外销呈现出空前繁荣的局面。官府在广州、杭州、泉州等地设立市舶司专门管理对外贸易，大批外销瓷从这些港口起航，源源不断地运往亚非各国。明清时期，中国瓷器外销进入一个全新阶段，郑和七下西洋，大大促进了海上贸易的发展，使得外销瓷不仅限于输出到亚非各国，更远销到欧洲诸国。

起初，中国瓷器的价格极为昂贵，一个瓷盘运到欧洲卖出，利润能达到100%。由于中国瓷器的稀有与精美，欧洲王室都以拥有中国瓷器为荣。对这些皇室贵族来说，收藏和使用精美的中国瓷器已经成为他们崇尚文化、追求高雅的体现。随着资本主义工业的发展，欧洲国家积累大量财富，中国瓷器开始进入当地中产阶级的生活中。从17世纪西欧的绘画中，特别是荷兰生活画上，中国外销瓷盘、碗、果碟、酒杯、酒壶等器物经常出现，可见瓷器在欧洲已经开始流行起来。

中国古代海上陶瓷之路主要有两条航线：一条是从扬州或明州（宁波）出发，经朝鲜或直接通往日本；另外一条是，从东南沿海的港口（福

元代青花瓷

州、泉州、广州）出发，到东南亚各国，或是经南海、印度洋到达西亚的波斯湾，有时还可以到达非洲东海岸和红海。到了17～18世纪，这条海上陶瓷之路进一步延伸，满载陶瓷的商船甚至可以绕过南非的好望角，航行抵达西欧诸国；东行的线路也进一步扩展，可横跨太平洋到达墨西哥及北美诸港口。

北宋地理学家朱彧在《萍洲可谈》中这样描述当时陶瓷出口盛况："舶船深阔各数十丈，商人分占贮货，人得数尺许，下以贮物，夜卧其上。货多陶器，大小相套，无少隙地。"2007年，一艘被命名为"南海Ⅰ号"的宋代古沉船被打捞出水，可以为我们还原书中所描述的情景。紧挨着船板，船货层层叠叠，不同器型的瓷器错落摆放。一件件瓷器不断出水，冲刷过后洁白温润，仿佛流逝的时光从未起过作用。我们似乎又看到了这些"白如玉、薄如纸、明如镜、声如磬"的东方珍品在大海上乘风破浪，将瓷国之名扬播海外，并悄悄地改变着人们的生活。

荷兰彼得·德·霍赫所绘生活画

一片树叶的故事

中国人对茶的钟爱，恐怕是其他民族所不能理解的。茶，从汉字书写的角度看，是人在草木之间。一个人，无论多么忙碌，一杯茶就能让心变得从容安逸，回归自然。百姓居家，更是将茶叶作为开门七件事之一，其地位可与柴、米、油、盐、酱、醋相提并论。对中国人来说，茶，岂止是饮品，更是文化的承载，是人生的态度。

烧水煮茶

中国上古时期流传下来这样一个传说："神农尝百草，日遇七十二毒，得茶（茶）而解之。"中国人饮茶的历史可谓源远流长，然而种茶、饮茶不等于有了茶文化。直到有了文人的参与，茶才从一种日常饮品提升到文化的高度。

隋唐以前，茶多为药用；到了隋唐时期，饮茶之风大盛，茶成了人们

茶叶

的日常饮品。这时出现了一位文人，叫做陆羽（733—804），他一生嗜茶、精于茶道，并以其茶学专著——《茶经》闻名于世。书中与人探讨种茶、饮茶之道，还把佛、道、儒三教精神融入饮茶中，创造出茶学、茶艺、茶道思想，将中国茶文化带入新境界。相传陆羽好四处考察茶事。有一次，他在扬子江畔遇到湖州刺史李季卿，李季卿邀他同船而行。李季卿听闻扬子江心的南零水煮茶极佳，便令士卒驾舟前往汲水。岂料舟行颠簸，近岸时瓶中水泼洒过半，士卒便偷舀岸边水冲兑。陆羽尝一口，笑道："此为近岸江中之水，非南零水。"士卒叹服，只得道出原委。陆羽对于饮茶之水都会如此讲究，可见其对茶道的造诣之深。

陆羽之后，饮茶在文人中蔚然成风。到了宋代，上起皇帝，下至士大夫，无不好茶。一些文人雅士更是将饮茶作为生活情趣的一部分，斗茶之风一时盛行。斗茶者选取雅洁清幽的内室，或花木扶疏的庭院，各取所藏好茶，轮流烹煮，品评赏玩，以论高下。古人斗茶多为名流雅士，或二人相争，或多人共斗，别致新奇。

诗人元稹曾写过一首诗，形似宝塔，专门论茶，十分有趣，诗曰：

古人饮茶

106

茶园

茶

香叶，嫩芽。

慕诗客，爱僧家。

碾雕白玉，罗织红纱。

铫煎黄蕊色，碗转曲尘花。

夜后邀陪明月，晨前命对朝霞。

洗净古今人不倦，将知醉后岂堪夸。

诗一开头，便点出了主题——茶，接着用寥寥数字描绘出茶叶味香而形美的特性。茶与诗自来相得益彰，深受诗客和僧家的爱慕。古人饮茶十分讲究，先要用白玉雕成的碾把茶叶碾碎，再用红纱制成的茶罗把茶筛分。今人喝茶开水冲泡即可，古人饮茶是要煎煮的。烹茶先要在铫中煎成"黄蕊色"，而后盛在碗中如花一般舒展。诗人爱茶成癖，清晨黄昏，皆要饮茶。茶亦妙用无穷，可提神、可醒酒。

茶礼有缘

中国自古被称为礼仪之邦，茶叶作为人们日常生活不可缺少的部分，自然也有一套饮茶的礼俗。茶礼有缘，古已有之。

据《西湖游览志》记载，杭州旧俗，每逢立夏，家家各烹新茶，并配以各色细果，馈送亲友邻居，叫作七家茶。豪富之家，果子会经过精雕细刻，用金箔装饰盛盘。茶叶选用名茶，用官窑细瓷盛好，互相赠送，可见人们对这一礼节的重视。

茶礼还是中国古代婚礼中一种隆重的礼节。明代许次纾在《茶疏》中说："茶不移本，植必子生。古人结昏（婚），必以茶为礼，取其不移置子之意也。今人犹名其礼曰'下茶'。"在古人看来，茶树只能从种子萌芽成株，不能移植，否则就会枯死，因此把茶看作是一种至性不移的象征。茶在整个婚姻的礼俗中至关重要，有"三茶六礼"之说。所谓"三茶"，就是订婚时的下茶、结婚的定茶、同房时的合茶。茶叶贯穿于整个婚礼始终，因此，还流传着一句谚语，叫作"一家女不吃两家茶"。《红楼梦》中，王熙凤给黛玉、宝玉各送了两瓶暹罗（今泰国）进贡的茶叶，黛玉很是喜欢，王熙凤便打趣道："你既吃了我们家的茶，怎么还不给我们家做媳妇儿。"一时惹得黛玉红了脸。只可惜黛玉最终香消于潇湘馆，令人惋惜。

一期一会

喝茶，是极简单的事；喝茶，也是极复杂的事。说简单，一冲一饮，便可静享茶香。说复杂，最严格的茶道要持续四小时。从解渴生津的佳品，到道法自然的承载，茶的文化底蕴不断积淀。茶道虽起源于中国，但将茶道保留下来并发扬到极致的，当属日本。

从唐代开始，中国的饮茶习俗就传入日本。宋明时期，日本已经可以种植并制造茶叶，并逐渐形成独具特色的日本茶道。其中，集大成者是千利休（1522—1591）。他提出"茶道四规"，即和、敬、清、寂，这也是日本茶道的基本精神。"和""敬"是指饮茶时主客和合，尊敬礼让；

日本茶道所用器具

"清""寂"是指饮茶环境要幽雅清静，给人以空灵静寂之感。"茶道四规"要求人们能在饮茶之中，进行自我反省，人与人之间彼此沟通，于清静的环境中荡涤内心的尘垢，消释彼此的芥蒂，以达到"和""敬"的目的。

千利休的弟子山上宗二进一步将禅礼融入茶道，提出"一期一会"的茶道思想。日本茶道包括水、饭、谈、茶四大步，在清谈饮茶之中，让主客之间静心清志，由内到外不禁涌现出"一期一会、难得一面、世当珍惜"之感，进而想到相聚欢愉难得，人生离合无常，在茗香中受到精神的洗礼。这缓慢而又温暖的时光，仿佛时间也为茶香而停止。

它本是一片树叶，偶然飘落在神农的碗里，被当作一味解毒的良方。几千年的时间，经由中国人的双手，变为一道可口的饮品。它成为文人的雅趣，步入唐诗的殿堂。它跟随日本僧侣，与佛法一起东渡。大航海时代它又登上货船，与瓷器、丝绸一道，满足了欧洲人对古老东方的渴慕。它跟随一位葡萄牙公主进入英国，又让日不落帝国将它种满世界各个角落。岁月酿成了茶水的味道，茶香又荡涤着灵魂的尘埃。饮茶，是解渴，是养心，也是修行。

神农尝百草

奇珍异宝入中华

我们习惯上把中国本土没有、从外国引进的东西称作"舶来品"，这个"舶"即"航海大船"的意思。仅从这个词我们就能看出，旧时外国商品主要由水路用船舶运输进入中国。那些通过海上丝绸之路驶向各地的航船，不仅将中国的丝绸、茶叶、瓷器输送到其他地区，同时也带回许多异域的奇珍异宝。

农业新篇章

金庸先生的小说《神雕侠侣》里有这样一段文字，说杨过在逃出古墓后，腹中饥饿，他"四下张望，见西边山坡上长着一大片玉米，于是过去

玉米

摘了五根棒子"。金庸先生向来以写作严谨著称，作品多是一修再修，然而这段文字却常常被人当作写作时的失误拿出来举例。那么，问题出在哪里呢？原来玄机就在这一大片玉米上。玉米原产于美洲的墨西哥、秘鲁。1494年，哥伦布从美洲返航后，玉米才传入欧洲，传入我国最早也得到明代中晚期。中国关于玉米的最早记载见于明嘉靖时的《河州志》。玉米传入我国主要有三条路径，其中东南海路是传播范围最广的一条。玉米传入我国后，随着推广种植日益成为人们尤其是山区平民的重要食粮。在清代，玉米经常被当作最宜备荒的粮食作物之一，其高产、易于种植的特性，为养活当时迅速增加的人口提供了保障。由此看来，生活在宋代的杨过是吃不上玉米的。

除玉米外，金庸小说中有关作物方面的错误还有很多。比如，《天龙八部》十一回中，"段誉被鸠摩智挟持，自此一路向东，又行了二十余日，段誉听着途人的口音，渐觉清雅绵软，菜肴中也没了辣椒"。但辣椒原产于中拉丁美洲热带地区，原产国是墨西哥，明末才传入中国。据史料记载，

贵州、湖南一带最早开始吃辣椒的时间在清乾隆年间（1736—1795），而普遍开始吃辣椒更迟至道光以后。辣椒又叫番椒，说明也是外来的；还有另一个名称叫海椒，大概是从海上传入的。《天龙八部》写的是宋哲宗时代的事，当时的人们怕是见也没见过辣椒。

再如，《射雕英雄传》中，金庸把蚕豆、花生等写成寻常的下酒物。他不知道，其实这两种作物也都是中国本土所无，而后才逐渐由国外传进来的。蚕豆大概在元朝时才由波斯传入中国，到明朝时才普遍种植。花生则是美洲植物，哥伦布发现新大陆以后才开始在美洲之外的地区传播。花生传入中国的时间比蚕豆迟得多，大

辣椒

约是在明嘉靖九年（1530），且由沿海传入内陆地区的速度很慢，直到乾隆末年花生仍然是筵席珍贵之物，寻常人很难吃到，何况在作为《射雕英雄传》创作背景的宋朝，那是连想也想不到的。

尽管这些外来作物给后代的小说、影视带来了不少麻烦，然而海上丝绸之路在引进外来作物方面贡献巨大。番茄、辣椒、南瓜、花生、蚕豆、菠萝、芒果等，都是从国外传入我国的。它们丰富了人们的饮食，解决了我国夏季蔬菜、水果单一的问题，也让中国的饮食文化更加绚丽多彩；尤其是辣椒的传入，改写了中国人的饮食历史，川菜、湘菜更是离不开辣椒的使用。

蚕豆

香从异域来

　　海上丝绸之路影响中国社会生活的另一个重要方面，就是各种香料的输入。这些香料分别出产于东南亚、南亚次大陆、阿拉伯半岛、非洲东海岸等地，种类繁多，名目不一。在古籍中可以找出上百种名称，包括丁香、沉香、伽南香、鸡舌香、安息香、苏合香、龙脑香、胡椒等等。香料入华途径有二：一是海外各国向皇帝进贡，更多则是由中外商人海上贩运而来。来自异国的香料用途广泛，或用于食物烹饪，或用来入药，或制成香丸。故古人曾感叹："香之为用，大矣哉！"

　　香料在中国古代社会中的作用，可从古人的诗词中窥见一斑。李清照有名句"东篱把酒黄昏后，有暗香盈袖"。古代女子常用香料熏衣被，既可除霉，又可使衣袖生香、沁人心脾。香料也可做成香袋、香囊、香球、香坠等，作为装饰品佩于腰间或悬于扇柄。秦观曾有一联曰："香囊暗解，罗带轻分。"句中词人将贴身的香囊解下赠给离人，让人不觉情意绵绵。此外，唐诗中还用"异国名香满袖薰"来描绘朝气蓬勃的青春少年。

焚香

中国古代上流社会，香料除了贴身使用外，在书斋、卧房、亭阁等处焚香燃烟，更是常见。袅袅的香烟，不仅可以除湿驱虫、提神醒脑，更能营造出幽静高雅的气氛，深受文人墨客的喜爱，香炉甚至成为文人书斋的必备用品。明代文人唐伯虎写过"最是诗人安稳处，一编文字一炉香"，可见香料有助诗性勃发。晚清重臣曾国藩也曾写过"焚香细读斜川集，侯火亲烹顾渚茶"。这些诗句正反映了香料在中国古代文人日常生活中的重要性。

香料输入中国后，大大改变了古人的生活习惯，在上流贵族衣、食、住、行中大量出现。至今依然留存着许多与香料有关的口头用语，例如"红袖添香""焚香煮茗""焚香抚琴"等。这些口头用语都折射出香料对中国古代社会生活的重要影响。

沉香

舶来品大观

《红楼梦》一书可谓中国传统文化的大观园，然而许多人未能注意到，《红楼梦》中的"洋货"也是随处可见。不说别人，单论宝玉房中，就有许多西洋物品。一入宝玉房间就是一架大的穿衣镜，架上摆着西洋自行船作为装饰。宝玉日常随身带着一块核桃大的金表用来看时间。贾母还曾送给宝玉一件俄罗斯国的雀金裘，由于不小心烧了个洞，拿到府外找裁缝织补竟无人能识。洋烟、洋酒、洋药也是怡红院常备，书中提到宝玉平时还会喝些西洋葡萄酒。晴雯因感冒头痛，宝玉便找来"福朗思牙"出产的"依弗哪"药膏贴在额头。为了缓解晴雯感冒鼻塞，宝玉为她找来了"上等洋烟"，烟壶上还画着"西洋珐琅黄发赤身女子"。

《红楼梦》中提到的羽纱、羽缎、哆罗呢、雀金呢、洋缎、西洋布等都是舶来品。还有西方机械、化工产品，如自鸣钟、玻璃器皿、珐琅等。此外还有"依弗哪"等医药品，珊瑚、祖母绿、珍珠、"温都里纳"宝石等珠宝均是舶来品。

祖母绿原石

从书中可以看出，到了明清之际，西方日用舶来品在贵族生活中相当普遍，甚至渗入到他们的衣食住行。这些舶来品传入途径有三：一是跟随西方传教士而来，为了传教，他们将这些新鲜别致的西方用品当作敲门砖；二是随着中西贸易逐渐开放，西方用品通过来往商船进入中国；三是国家间礼品往来，明清宫廷许多舶来品都是外国使者的礼物。

西方农作物、香料以及器物的东传，使西洋物质文明开始渗透并影响中国社会，不仅提高了国人的生活质量，还促进了科学技术、文化艺术的发展，大大促进了中外交流。

海上丝路遗迹

南海神庙

在古代，航海技术尚不发达，航海者常常被大海吞噬而有去无回。人们以为海上风云由海神主宰，因此祭祀海神寻求保佑。祈求海不扬波、一帆风顺，成为出航前最重要的活动。在航海者心中，海神是他们的守护神，也是他们的心灵寄托。随着海上贸易的发展，统治者们也越来越重视海祭，并建造了四海神庙供人民祭祀，其中最为著名的当属南海神庙。

南海神庙

海不扬波

隋朝开皇十四年（594），为了表达对海神的虔诚，隋文帝听从朝臣建议，下令在近海处建祠祭祀，于是有了会稽县（今绍兴）的东海神庙，以及广州南海的南海神庙。

南海神庙又称波罗庙，它坐落在广州市黄埔区庙头村，古之"扶胥之口，黄木之湾"。此处位于南海之滨、珠江之口，从这里出海，可以抵达南海各国，被称为"去海不过百步，向来风涛万顷，岸临不测之渊"，是建设神庙的理想之地。

作为我国古代海神庙中遗存下来的最完整、规模最大的建筑群，南海神庙气势壮观、装饰精微、构思巧妙，散发出汉民族传统文化的特点和神韵。在南海神庙东侧，竖着一尊达奚司空的雕像。相传唐朝时，古波罗人派遣一批使者到中国来朝贡，行至广州时，见风景秀丽便登岸游览，并入南海神庙参拜。其中有一位叫做达奚司空的使者，他拜谒完南海神后，将自己从国内带来的波罗树种于神庙两旁。此前他从未踏足中国，一时沉溺于这陌生而又壮丽的景致，连同伴呼喊他离开都未听见。当他猛然想起同伴时，急忙赶到江边，却见船队已经扬帆而去。从此，他每天都到神庙旁的土丘上眺望大海，希望有朝一日，能看到船队将他带回故土。终于，他站在那里化作了石人，再也无法离开，当地村民便将这位来自海上丝路的使者尊为波罗神，供奉在神庙中拜祭。因此，南海神庙又被称为"波罗庙"，神庙外的扶胥江又称"波罗江"。明朝戏曲家汤显祖（1550-1616）还曾作诗《达奚司空立南海王庙外》记录此事，其中两句写道："至今波罗树，依依两蒙密。波声林影外，檐廊暝萧瑟。"

南海神庙入口处，立着刻有"海不扬波"的石牌坊，其位置就是当时上岸系船处，这四个字直观地表达了人们外出航海的朴素祈求。再往里走便是清朝时期建成的头门，梁上刻有鳌鱼等纹饰，门前还有一对红砂岩石狮。走过头门便到了称为礼仪之门的仪门。仪门门口有一对石鼓，鼓脚用石头雕刻了鸟雀、梅花鹿、蜜蜂和猴子四种动物，寓意是"爵禄封侯"。经仪门就可看到明代建造的礼亭，是古代官员祭拜南海神的地方。礼亭的背后是南海神庙中规格最高，也是最重要的建筑物——大殿。大殿上覆绿色琉璃瓦，瓦脊上装饰有龙凤图案，大殿正中则是南海神祝融的塑像。庙

刻有"海不扬波"的石牌坊

西边浴日亭是宋元之际羊城八景之一
"扶胥浴日"的最佳观赏点，文人墨
客在此留下了大量名篇佳作。宋代文
豪苏东坡的《浴日亭》被刻于庙内，
其中"坐看旸谷浮金晕，遥想钱塘涌
雪山"两句极其生动地为我们再现了
海上日出的盛景。

南海神祝融

谈起南海神庙的建立，人们自然
会问起南海神的名字。南海神名叫祝
融，也有史书称其为祝赤，即祝融或
赤帝。祝融究竟是谁？他又是怎样合
水、火为一神的呢？

传说在上古帝喾在位时，有一个
叫重黎的人，是颛顼的儿子，他的官
职是"火正"，即火官。重黎忠于职
守，掌火有功，帝喾便赐以"祝融"
的封号。"祝"是永远、继续的意思，
"融"是光明的象征，就是希望重黎
能用火照耀大地，永远给人带来光明。
祝融死后，葬在南岳衡山舜庙的南峰，
即今之祝融峰下。但这个火神祝融为
何能兼任海神呢？原来在中国传统的
五行八卦思想中，南方属火，古人又
认为"火之本在水"，故祝融合水火

118

南海神祝融

为一神。关于这一说法的来历，还有一个有名的传说。尧帝时期，洪水滔天，浸山灭陵。尧帝下令鲧去治理洪水，可是 9 年过去了，毫无成效。后来，鲧知道天上有一种称为"息壤"的宝物，可以不断生长土壤堵住洪水。于是，鲧到天上偷了息壤带回人间，洪水终于消退。但是，上帝知道息壤被窃后大怒，派火神祝融下凡，在羽山把鲧杀死，并夺回余下的息壤。上帝还命祝融监视人间治水，命他掌管一方水的大权。由于祝融属南方之神，所以就合水、火为一神，兼任南海之神了。南海神掌管着南海一方的海事安宁，自然成为航海者拜祭的对象。

南方碑林

随着南方海上丝路的发展，出海

广利王庙碑

120

前拜祭南海神以寻求庇护已成为出海者必做之事，因此南海神庙的香火愈加隆盛。不仅如此，统治者也愈加重视南海神庙的祭祀，历代皇帝不断加封南海神，还派遣重臣前来祭祀。南海神庙也因珍藏历代皇帝御祭碑甚多，及存有韩愈、苏轼等名人碑刻而被誉为"南方碑林"。

南海神广利王庙碑是南海神庙内最早的碑刻，立于唐元和十五年（820），至今保存完好。此碑由唐代文学家、时任袁州（今宜春）刺史韩愈撰，交由名重一时的书法家陈谏书写，并请大雕刻家李叔齐将碑文刻于石碑。陈谏以其飘逸的书法将韩愈妙文完美演绎，又与李叔齐高超的雕工相得益彰。碑中文章、书法和雕工都堪称极品，因此被后人称为"三绝碑"。

其碑文云："考于传记，而南海神次最贵，在北东西三神河伯之上，号为祝融。"由碑文可见，南海神的地位在四方海神中最为尊贵。南海神之所以如此得宠，很大程度源于统治者对海外贸易的重视与关心。历代帝王不断加封，南海神地位不断提高，直至成为"南海广利洪圣昭顺威显王"。"广利王"是南海神祝融最初获得的封号，有"广招天下财利"之意。作为海神，自然要从海上获利。因此，南海神从诞生之初，便与海上丝绸之路紧密联系在一起。碑文中说历代广州刺史"既贵且富，且不习海事"。这里的海事一词涵盖航海、航运技术等内容。据学者研究，"海事"一词最早见于此碑，以示广州南海海上贸易的繁荣。

除了这块最早也最为著名的南海神广利王庙碑外，唐、宋、元、明、清各朝均有碑刻留存。这些碑刻记载了中国古代海上交通贸易的历史，见证了海上丝路的辉煌。

作为广州海上丝绸之路的历史见证，南海神庙建于隋代，唐宋时期开始繁荣，到了元明继续发展，拜祭不断，香火旺盛。庙内的文物碑刻，为研究中国历代航海贸易提供了极为珍贵的史料，也使得南海神庙成为我国海上丝绸之路的重要标志。

波斯巷

宁波建城史大约可以追溯到春秋时期，越王勾践于姚江畔句余筑城，城外有港直可通江达海。宁波处于河海交汇的黄金地带，自古就是著名的港口城市。人们这样描述这个古港口：东出大洋、西连江淮、转运南北、港通天下。"宁波"之名也含有"海定则波宁"的美好祈愿。

千年古港

早在唐宋时期，宁波就是国际性港口城市。它不仅是海上丝绸之路的四大港口之一，还是大运河南端唯一的出海通道。海上丝绸之路文化与运河文化相互交汇、叠压，使宁波形成独特的河海交汇文明。

宋元时期中国的商品经济进一步发展，海上丝路也进入鼎盛时期，通过海上丝路来我国经商的外国人更是络绎不绝。据《宁波港史》记载，唐

波斯巷遗址

中晚期起，就有大食、波斯商人进入港口贸易。北宋时，随着与东南亚、西亚等国的交往日趋繁盛，众多阿拉伯、波斯商人经常来宁波进行贸易或文化交流。当时的朝廷还专门在波斯商人聚居地设置了一个"波斯馆"。后来，附近有一条路被称为"波斯巷"。随着到此定居的波斯商人越来越多，波斯巷逐渐出名。据民国《乌青镇志》记载："波斯巷在兴德桥南……俗名官弄。进弄西行八十步，北有大井……有八仙店，技艺优于他处。"可惜的是，该巷在宋末毁于兵火，所幸后又修建。据记载：波斯巷南瓦子"楼八间，周遭栏楯，夜点红纱栀子灯，鼓乐歌笑至三更乃罢"。还有太平楼、庆和楼、天隐楼、芙蓉馆、菡萏轩等，这些楼或是酒楼，或是茶馆。从书中记载可以看出，到了明代，波斯巷周围已经繁盛至极，称作"上紧之地"。明朝王济曾有诗曰："笙歌声沸三更月，灯影光摇五夜天。四面雕栏谁往复，满筵狂客任流连。"诗中追忆了波斯巷曾有的繁华。

波斯巷与宁波开放的姿态是分不开的。早在 1000 多年前，因为海上丝路的繁盛，宁波就已经是一个国际化的都市了。在古明州的三江口，满载着丝绸与瓷器的唐宋商队从这里出发，承载着文化交流重任的使者、僧人从这里上岸，操着各种口音的番商带着奇珍异宝纷至沓来。宁波以博大的胸怀吸纳着各地的风采，铸就了充满异域风情的城市形象，波斯巷这样的异邦建筑群就是其中的著名景观。令人遗憾的是，如今宁波街头已经很少有人知道波斯巷的存在。繁华一时的波斯巷历经岁月的洗礼，往昔错落有致的建筑早已湮没，只留下古清真寺一处建筑。

沧桑古寺

宁波波斯巷中最著名的建筑当数古清真寺。自宋代以来，宁波一直以开放的姿态迎接八方来客。在古三江口，来自日本、高丽、波斯、阿拉伯等地方的商人络绎不绝。其中的一部分人定居下来，也带来了他们的信仰。宁波的古清真寺就是伊斯兰信仰传入宁波的写照，也是宁波作为海上丝路港口城市的重要证明。

古清真寺在宁波历经多次毁建。

北宋咸平年间（998—1003）修建了宁
波的第一个清真寺。元世祖至元年间
（1264—1294），迁建到海运公所以
南的冲虚观前面。后来再次被毁，直
到清康熙三十八年（1699）才在现在
的位置进行了重建。乾隆年间（1736—
1795）王文计阿訇主持教务41年。
之后又有江梦令阿訇和王魁占、马廷
光、张光祖合资进行修整改造。嘉庆
（1796—1820）年间有记载称此寺"殿
宇两点渐就荒落"。但道光十二年
（1832）寺庙又扩充了面积。同治八
年（1869）又多方筹款进行修造。光
绪《鄞县志》卷六十六《寺观》记："礼
拜清真寺，县治西南二里，……国人
礼拜之所。"如今，寺内还保存有阿
拉伯文匾额等文物，具有重要的历史
价值。

　　清真寺飞檐斗拱、青瓦素墙，小
巧玲珑，既具有江南园林典型的秀丽
古朴，又体现了传统伊斯兰教的清净
素雅。走进清真寺后，入目便是青砖
砌成的拱形门，门额处有用砖石雕刻
的"清真寺"三字，楼上就是望月楼。
进门后就可以看到一处天井，里面有
一个石头制成的栅栏门，门的两侧各
有十根菱形石柱。一路向前走，转过

宁波清真寺

直廊就可以进入到内院，直廊的两头
分别悬挂了一块匾额。内院是一个三
开间的讲堂，正西方是礼拜大殿，也
是一个三开间的房间。大殿内并没有
任何的神像，但装饰有各种纹饰。殿
内还悬挂了三块有阿拉伯文的匾额，
是很珍贵的历史文物，也是宁波曾为
东西方文化交流重镇的见证。

124

高丽馆

宁波古称明州，地处奉化江、余姚江和甬江的三江汇流处。由于水利条件得天独厚，航道四通八达，这里很早就开始了海外贸易。作为一衣带水的邻邦，高丽与明州交往更是密切。

友好往来

早在两汉时期，明州便与朝鲜半岛开始了友好往来。佛教东传，朝鲜半岛的新罗僧人曾前来浙东拜佛求经。唐朝时，一个叫做张保皋的新罗商人来甬贸易时，把浙东越窑窑工带回国，也一并将制瓷技术带回了朝鲜半岛。

作为藩属国，当时新罗几乎年年都遣使前来朝贡，进献方物。进贡船只从镇海口进来，沿甬江到三江口，经市舶司验货后，再由水路进入月湖，然后一路北上前往京城。回程也同样是先经过明州，再返回朝鲜半岛。

除了官方互通使者，明州与朝鲜半岛的交往更多还是民间贸易往来。北宋时期，明州进入以港口城市为核心的"帆船贸易"时期，成为对外贸易四大港口之一。这时期，宋朝向高丽出口的商品主要有丝绸、瓷器、茶叶、药材、绘画等。

高丽是宋朝最大的书籍出口国，民间销售和私人藏书风气极为盛行。入宋的高丽僧人，回国时都会购置大量书籍。宋哲宗时期的高丽高僧义天大师，曾不避艰险，入宋求法，回高丽时，带走了数千卷经书。后来有些书在中国早已散佚，而高丽却还保存完好。书籍的传入，使得中国文化传播至朝鲜半岛。

如今的宁波三江口

当然，高丽与宋朝的贸易是相互的，也有大量高丽商品在这一时期进入中国，比如金银器、野生药物、文房用品及工艺品等。如今我们习以为常的折扇便是从高丽漂洋过海而来。初入中国的折扇十分珍贵难得，相传苏轼、苏辙、黄庭坚、张耒曾有幸获赠折扇，还特地写诗唱和。苏轼曾描绘道："高丽白松扇，展之广尺余，合之则两指许。"

高丽馆的建设

朝鲜半岛与中国大陆一直保持友好往来，特别是通过海上丝绸之路建立起了东亚文化圈，使得两国之间有了更为强烈的文化认同。北宋建立后，这种友好关系得到延续。但随着时间的推移，两国之间也开始面临着一个重要问题。北方的辽国越来越强大，辽东半岛到鸭绿江口几乎全部被辽国所占据，宋朝与高丽之间的陆路交通

折扇

被隔断。不仅如此，由于受战乱的影响，宋朝与朝鲜半岛之间传统的海路也逐渐断绝，双方往来备受限制。正因为如此，宋神宗熙宁七年（1074），北宋朝廷批准高丽使节改由明州登岸，同时严禁舶商经北方海路往返两国。明州随即成为东方海上丝绸之路上唯一的合法港口。在这以后，高丽到明州来的使团商队越来越多，为了接待这些人，高丽馆的建设被提上了日程。

据宋宝庆《四明志》载："政和七年（1117）郡人楼异除知穗州，陛辞，建议于置高丽司，曰'来远局'，创二巨航、百画舫，以应三韩岁使。且诸垦州之广德湖为田，收岁租以足用。既对，改知明州。复请移温之船场于明，以便工役。创高丽行使馆，今之

高丽使馆遗址

宝奎精舍，即其地也……"从记载中可以了解到，明州郡人楼异受朝廷派遣前往穗州做知州。作为明州人，他对当地贸易状况十分了解，于是利用赴任朝辞的机会，与宋徽宗大谈明州可利用广德湖造田的收益，供接待高丽使节的开支，并提议建造高丽使馆。徽宗朝冗费状况严重，楼异的提议可以有效解决高丽使节开支问题，徽宗当然不会有异议，即改任其为明州知州，并在徽宗政和七年在月湖建成了高丽使馆，一方面可以安顿高丽使者，方便他们起居食宿。另一方面可以供贸易货物储藏。相传，高丽使馆落成时极为壮观，苏轼参观后也不禁"叹其壮观"。

然而后世无缘一睹其风采，高丽使馆存在时间极为短暂，仅仅13年。北宋灭亡后，高宗赵构偏安一隅，建立了南宋小朝廷。金人铁骑踏破大宋山河，战火很快烧到了明州。南宋建炎四年（1130），金兵一把大火烧了这座城池，高丽馆也随之而覆灭，只能在后世的书本中找寻它逝去的背影。

高丽馆的历史地位

高丽馆建立后，宋朝与高丽之间的来往更加频繁，明州港口时常停泊着来自高丽的商船，一时间海上商贸空前繁荣，大大提高了明州的港口地位。商贸的繁荣还带动了明州周边地区的发展，使整个浙东地区都繁荣起来。除此之外，双方还进行了深层次的文化交流，书籍、音乐、诗歌、学术、宗教等使明州的文化更加多元。这座迎宾馆是两国间友好交往的见证，更是宁波海上丝绸之路的一处重要文化遗存，对研究宁波历史文化名城及对外开放史具有重要的参考价值。

宋朝向高丽出口的青瓷

琉球馆

"琯"是玉管，是一种乐器，古代也用以测候天气，唐代诗人杜甫写有"吹葭六琯动浮灰"的诗句。在福州，"琯"字常用于地名，"琯前街"、"琯后街"中的"琯"，就是"馆"字的雅化，皆是以"琉球馆"得名。"琉球馆"位于福州市台江区十二桥处的琯后街，是一座建于明朝成化年间的老建筑。

柔远驿

琉球馆，正式的名称为"柔远驿"或"怀远驿"，是古代为接待琉球国朝贡使者以及与琉球商人贸易的场所。早在明代洪武年间（1368—1398），中国就开始了与琉球的交往。其时，朱元璋派遣使者杨载出使琉球，此后中琉两国进行了多次朝贡往来。为加强中琉关系，考虑到琉球造船业落后的情况，朱元璋还无偿向琉球援助海船，又赐"闽人三十六姓"给琉球国。这"三十六姓"多是河口附近的人，与福州地缘相近，双方关系十分密切。明朝成化年间（1465—

琉球馆又称为柔远驿

1487），福建市舶司从泉州移至福州，在闽安镇设立"巡检司"衙门，琉球等国进贡船要经"巡检司"检验后方能进入福州内港河口，然后取道北上。为了方便琉球国使者、商人以及船员在福州的生活起居，特设"柔远驿"。"柔远"二字，出自《尚书·尧典》中的"柔远能迩"，意思是怀柔远人，以示对外邦的安抚。

彼时，柔远驿设立于福建省城水部门外的琼河之口。琉球官话课本《白姓官话》中记载："那里有琉球公馆一所，名字叫做柔远驿。船到的时节，把那贡物、行李、官员人等，都进馆安歇。驶船那些人，都在船上看守。府院题本，等圣旨下来，到七八月间，这里差去的官员，收拾上京。到十二月，才会到京，上了表章，进了贡物，还要担（耽）搁两三个月，到来年三月时节，才得起身回福建。等到七八月，只留一位存留通事，跟从几个人，在那里看守馆驿，其余各官人等，都上接贡船回国。读书、学官话那些人，爱回来不爱回来，这个都随他的便，是不拘的。"

到了弘治年间（1488—1505），福建的督泊官员在河口尾开凿了人工河道"直渎新港"，使得河口一带通过闽江直接汇入东海。此后，海上交通更加便捷，一时"百货随潮船入市"。一直到清代，河口一带仍是琉球商人汇集之所。贡使往来，钱货流通，河口沿线十分繁盛，是全城之冠。

相传当年柔远驿的规模，远比现存建筑大得多，进入驿馆，入眼便是"海不扬波"的匾额，门前立着清朝

写有"海不扬波"的匾额

政府所刻保护柔远驿的碑，此外还有一栋十开间的木质二层楼屋。据康熙年间（1662—1722）著名琉球学者程顺则在《河口柔远驿记》中所载："驿设于福建省城水关外琼河之口，所以贮贡物、停使节也。"程顺则是"闽人三十六姓"程氏后裔，被后人尊奉为"名护圣人"。他曾数度入闽，并著有《指南广义》，这是一部有关琉球入贡中国的行旅指南。程顺则曾作一首《琼河发棹》诗："朝天画舫发琼河，北望京华雨露多。从此一帆风送去，扣舷齐唱太平歌。"这首诗语言直白，是典型的太平颂圣之作，记录了从柔远驿启程前往北京朝贡的心情，抒发了瞻仰圣颜的迫切心情。

清朝与琉球的贸易

清朝时，在与番邦小国的交往中，为显示大国风范，中国朝廷从来不会吝啬赏赐。实际上，尽管朝廷下令琉球人每两年进贡一次。但因有厚利可图，琉球每年都会派遣大量人员入朝上贡。除了贡使之外，还有大量商人和留学生随同入华。福建政府规定，他们所带来的贡物和商品，不得自由买卖。除一些贡品要北上入朝廷供奉外，其余则由"闽人三十六姓"后裔开设的十家球商代为买办、批发。有学者这样描述当时的贸易状况："当贸易鼎盛之际，河口商贾云集，一般商人依赖十家球商为生，或代他们前往天津、江苏各产地采运木材、丝货者，颇为不少。"

有关丝货贸易状况，琉球官话课本《学官话》中也有一段生动的记载："老爷的钧谕，着琉球们收买官丝，琉球敢不遵命？那丝带黄色，是不堪用的，价钱又太高，琉球们故不敢买。瞒不得老爷说，敝国的法令是重的，若丝买得不好，价钱又买得贵，回国之日，我们的性命都是难保的。如今没奈何，只得来求老爷，体朝廷柔远之德，把丝换好的，价钱公平些，琉球们才敢买……"由这段记载可见，明清时期，由于朝贡贸易双方地位的不平等，难免存在强买强卖的现象。

当时，琉球人虽然聚居在柔远驿，但政府并未限定他们的活动范围，在福州他们可以自由行动。从琉球文献记载可以看到，他们在中国也会效仿汉人吟诗作赋，饮酒行令，逍遥自在地生活。有时，琉球人还会雇船前往鼓山游玩，到南校场观看绿营士兵操练，或者前往西禅寺礼佛。他们之中有些人在福州病死或终老，久而久之，在福州形成了琉球人的集中墓地。

在大航海时代，琉球与中国进行着频繁的政治、文化以及贸易往来。琉球商人在中国进行贸易的同时，还会学习当地历法、绘画、音乐等文化艺术，并将熬糖、制茶等工艺带回琉球国内。有趣的是，琉球人还向福建人学会了补唇的整形技术。这些在当时颇为先进的文化和技术，有力地促进了琉球和东亚其他国家的发展。

琉球墓园

南海Ⅰ号

这是一艘迄今为止保存最完整的宋代古船。2007年12月21日,古沉船起吊,并在现场举行了出水仪式。在万众瞩目之下,沉睡了800多年的古船渐渐从海底浮出水面,数日后整体打捞完成,船体正式进入广东海上丝绸之路博物馆水晶宫,人们叫它"南海Ⅰ号"。

出水文物

经过7年的保护发掘,"南海Ⅰ号"沉船表面的淤泥、海沙、贝壳等凝结物被逐层清理,船舱内超过6万件层层叠叠、密密麻麻的南宋瓷器得以重见天光,展现在世人面前。这些瓷器汇集了德化窑、磁灶窑、景德镇、龙泉窑等宋代著名窑口的陶瓷精品。此外还出水了许多"洋味"十足的瓷器,从棱角分明的酒壶到有着喇叭口的大瓷碗,都具有浓郁的阿拉伯风情。

"水晶宫"里的"南海Ⅰ号"

从这些瓷器中，我们甚至可以看到这样的细节，瓷器底部出现了墨书文字，似人名，似地名，又似官名，文字的出现也让遥远的历史真实而生动起来。从造型到花纹、从瓷壶到瓷碗，这些古代远洋贸易的畅销产品，也为今天的人们，还原了那个航海的时代。

除了瑰丽精致的瓷器，"南海Ⅰ号"上目前出水的文物中最惹眼的一类当属金戒指、金手镯以及金腰带等黄金首饰。一条鎏金腰带静静躺在玻璃展示柜中，吸引了无数游人驻足细看。这条腰带刻有醒目的葡萄刻花，是典型的阿拉伯风格装饰。令人惊讶的是，链长竟达1.7米，如果这确是腰带，主人的腰围该多么惊人。鎏金手镯口径大过饭碗，粗过大拇指，镯身盘旋着华贵的龙纹。而三枚粗大戒指分别是中国、欧洲以及阿拉伯3种风格。

出水的宋青白釉菊瓣碗

人们不禁开始推测佩戴这些饰品的人或许是体格粗壮、身材高大的阿拉伯人，而这位富有的阿拉伯人也许正是这艘船的船主，他从遥远的故乡驾船航行到中国订购了大量瓷器准备贩卖到其他国度。

沉船中出水的那些大小不一的陶罐，外形朴实，很有可能是"南海Ⅰ号"上的船员所用，其中一些陶罐可能用于盛酒。北宋地理学家朱彧的《萍洲可谈》记载当时出海船员的生活状况："一舟数百人，豢豕酿酒其中，置死生于度外。"文字的背后，一幅宋代海上生活画卷徐徐展开。在"南海Ⅰ号"航船上，水下考古队员曾经整理出眼镜蛇的头骨和类似猪骨的遗留物。考古的发现成了文字记载最真实生动的实证。

穿越时空的故事

今天，在广东海上丝绸之路博物馆宋元展厅，人们透过玻璃展示柜，屏气凝神地观看这些出水文物。这艘古老的沉船仿佛是一个时光机，能让参观者的心灵，穿越岁月和时空，与这些数百年前的器物心神交流，探寻它们传递过来的遥远信息，还原一个恢弘而又悲伤的故事。

800多年前的一天，一位富有的阿拉伯商人，即将出发远航，他的妻子在家里为他穿戴。妻子将商人最喜爱的一条金腰带围在了他的腰上，忽然抿嘴一笑，她想起了商人跟她讲过的一个东方成语，腰缠万贯。接着又打开首饰匣取出三枚戒指为商人戴上，这三枚戒指风格迥异，分别来自中国、欧洲和阿拉伯，是商人走南闯北、阅历丰富的最好证明。最后，妻子将一个尊贵的龙纹装饰金手镯套在了商人的手上。阿拉伯人自古喜爱眼镜蛇，富商将自己饲养的宠物眼镜蛇

出水的铜鎏金龙纹开口环

也一起带上了商船。出发前，妻子仔细将他携带的物品检查了一遍，又叮咛几句，将富商送出了家门。

当商人来到中国，订购大量货物后准备返航时，富商来到了码头，挑夫们把他在德化等窑口订购的大批瓷器搬运上船，仔细而又紧密地摆放进水密隔舱之中。码头上忙碌的船员中有一个叫陈三的中年人，他来往于远洋商船，经验极为丰富，这次的瓷器挑选与订购就由他负责。这艘商船的货物搬运与安放工作已经持续了好几天。随着大量的瓷器被安放进船，船体吃水线越来越深，陈三隐隐有些不安。他走到富商面前，提醒富商物品太多，船体承受不住，也许会发生危险。富商看着崭新而结实的商船不耐烦地摆摆手，认为陈三多虑了。对于富商来说，船里的每一件瓷器运到海外都会变成沉甸甸的金币，将哪一件货物丢下也不舍得。看着商人眼中贪婪的光芒，陈三知道多说无益，只好暗暗祈祷上天能保佑这次远航顺利，但结局令人感到悲伤。

起航之前，船员们领到了自己的物品。他们在上面留下了姓名和职务的墨书，一次让人憧憬的财富之旅就

这样开始了。在船上，他们珍藏美酒。面对茫茫大海，他们觥筹交错，以此消磨令人无法想象的漫长航期。既然选择了向大海讨生活，生死自然也交给了上天。在船上，为打发漫长而又枯燥的旅程，阿拉伯富商还会拿出他的笛子，给中国的水手们表演着逗眼镜蛇的游戏。在一片欢笑声中，陈三走出船舱，登上甲板，海岸、码头早已消失不见，目力所及，只剩下一片茫茫大海，随着航船日远，陈三的心情也愈发沉重。

突然有一天，正在检查船货的陈三听到甲板上慌乱的呼喊声，他急忙出去查看。果然不出他所料，商船在航行数日之后，终于不堪重负，船体在慢慢下沉，已经有海水漫过船舷。由于下沉速度极为缓慢，舱内的船员对即将到来的危险一无所知。他忙奔到舱内通知阿拉伯富商，富商不敢相信这突如其来的厄运。他看着满船的瓷器、铜钱和金银，抱着最后的希望真诚地向真主祷告。商船即将沉没的消息很快传到了每个船员的耳中，生于海边、熟谙水性的船员们纷纷跳入大海、拼命游动，以期逃离这艘死亡之船。但是海水茫茫，又能逃向哪里？死神的阴云笼罩在每个人的头顶。富商知逃离无望，选择了和他的商船一同沉没。在沉入海水的那一刻，他最后看了眼天空，真神阿拉终究没有出现。意识消失前，他想起临走前，妻子替他系上腰带，叮嘱他早些回去……

商船缓缓沉入海底，大海又恢复了往日的平静，仿佛忘记了它刚刚吞噬了满船的生灵与财宝。就这样，所有人的喜怒哀乐、悲欢离合，留在了800多年前的时空。

当然，这只是一个从当时的历史还原出的故事，细细推敲，仍有一些谜题待解，但它毕竟代表了今人对当时历史的一种怀念。

南宋磁灶窑绿釉印花碟

"一带一路"宣传画

海上丝路新篇

东西万里本无界，海上丝路为桥梁。曾经的海上丝路沉寂已久，新时期新背景下迎来新生。"一带一路"顶层设计规划未来，搭载伟大中国梦，一路绵延、乘风破浪、扬帆远航。

"21 世纪海上丝绸之路"

古老的海上丝绸之路自秦汉时期开通以来，一直是沟通东西方经济文化的重要桥梁，而建设 21 世纪海上丝绸之路战略构想的提出，又为这条古老的道路注入了新的活力……

我国与东南亚国家山水相连、血脉相亲，自古以来就保持着密切的关系，古老的海上丝绸之路从这里走向南亚和欧洲。在中国与东盟建立战略

伙伴 10 周年时，为了进一步深化与东盟的合作，习近平主席提出建设"21 世纪海上丝绸之路"的战略构想。这是在新的全球形势下，中国走向世界以及实现与沿线国家合作共赢的新型贸易之路。为了更好地实现这一战略构想，习主席提出"五个坚持"，即坚持讲信修睦、坚持合作共赢、坚持守望相助、坚持心心相印、坚持开放

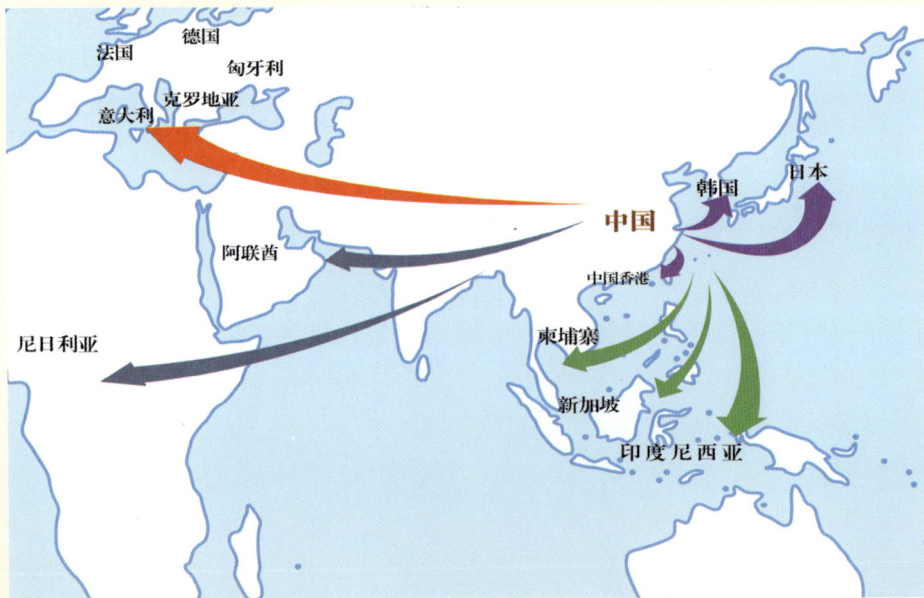

21 世纪海上丝绸之路示意图

包容。

21世纪海上丝绸之路是站在沿线国家和地区人民福祉利益的基础上提出的，必将进一步加强中国与东盟、中国与南亚国家的合作，也会让中国与东盟成为更加紧密的命运共同体。相信不久的将来，这个战略的实施会让沿岸各国共享发展红利，海上丝路也会开出更为灿烂的和平之花。

海上丝路新图

中国古代，丝绸之路在世界版图上延伸，诉说着沿途各国人民友好往来、互利互惠的动人故事。如今，一个新的战略构想在世界政经版图上从容铺展——共建"丝绸之路经济带"和"21世纪海上丝绸之路"。它将承载着丝绸之路沿线各国发展繁荣的梦想，赋予古老丝绸之路以崭新的时代内涵。

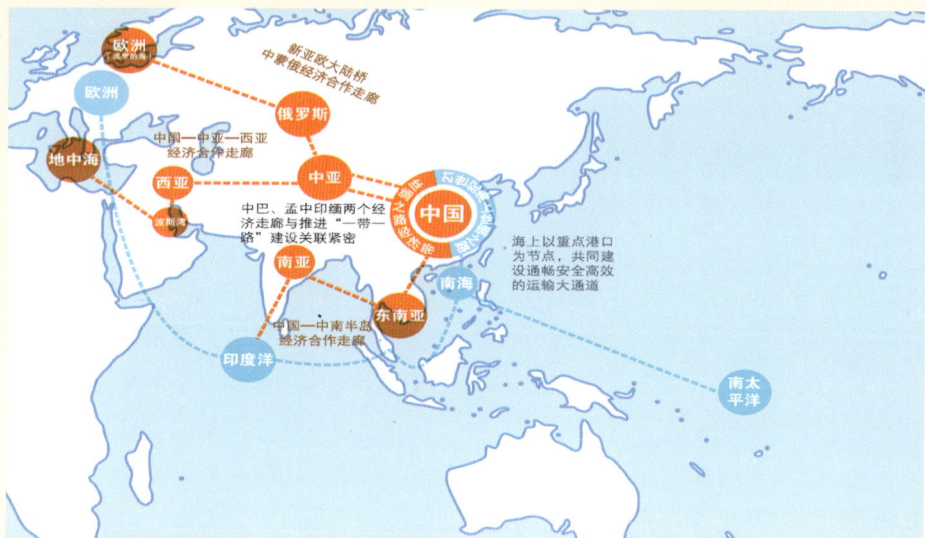

"一带一路"示意图

"一带一路"顶层设计

　　"一带一路"是中国国家主席习近平于 2013 年提出的建设"丝绸之路经济带"和"21 世纪海上丝绸之路"战略构想的简称。这两个战略构想一条架设在亚欧大陆，另一条则铺向海洋，范围可涵盖全球大部分的国家和地区，是中国新时期发展的战略构想。在"一带一路"的顶层设计中，重点涉及中国的 18 个省、自治区，包括新疆、陕西、甘肃、宁夏、青海、内蒙古等西北的 6 省、自治区，黑龙江、吉林、辽宁等东北 3 省，广西、云南、西藏等西南 3 省、自治区，上海、福建、广东、浙江、海南等 5 省市，内陆地区则是重庆。此外，还提及一些重要城市，也提及要发挥港澳台地区在"一带一路"的作用。顶层设计明确了各省、市、自治区在"一带一路"中的定位及对外合作的重点方向。如，将新疆定位为丝绸之路经济带核心区，主要是深化与中亚、南亚、西亚等国家的交流合作；云南则是建设成为面向南亚、东南亚的辐射中心；东北 3 省则是建设向北开放的重要窗口。顶层设计还规划了多个节点城市，西安、兰州、西宁、重庆、成都、郑州、武汉、长沙、南昌、合肥。而沿海的节点城市更是重点。规划强调，加强上海、天津、宁波—舟山、广州、深圳、湛江、汕头、青岛、烟台、大连、福州、厦门、泉州、海口、三亚等沿海城市港口建设，强化上海、广州等国际枢纽机场功能。内陆节点城市建设方面则强调，支持郑州、西安等内陆城市建设航空港、国际陆港。加强内陆口岸与沿海、沿边口岸的通关合作，开展跨境贸易电子商务服务试点。顶层设计的出台为"一带一路"的建设点明了方向，这一发展战略为人们绘制出了美好的生活图景。

"一带一路"新路线

　　"丝绸之路经济带"有三个走向，一是从中国出发，经中亚、俄罗斯到达欧洲；二是经中亚、西亚至波斯湾、地中海；三是中国到东南亚、南亚、印度洋。"21 世纪海上丝绸之路"的重点发展方向是两条，一是从中国沿海港口通往南海及印度洋，再延伸至欧洲；二是从中国沿海港口通过南海一直延伸到南太平洋。

"一带一路"的具体路线如下

北线 A：

北美洲（美国、加拿大）—西北太平洋—日本、韩国、朝鲜—日本海（韩朝称"东海"）—俄罗斯符拉迪沃斯托克（海参崴）（扎鲁比诺港、斯拉夫扬卡等）—中国珲春—中国延吉—中国吉林—中国长春—蒙古—俄罗斯—欧洲（北欧、中欧、东欧、西欧、南欧）

北线 B：

中国北京—俄罗斯—德国—北欧

中线：

中国北京—中国郑州—中国西安—中国乌鲁木齐—阿富汗—哈萨克斯坦—匈牙利—巴黎

南线：

中国泉州—中国福州—中国广州—中国海口—中国北海—越南河内—马来西亚吉隆坡—印度尼西亚雅加达—斯里兰卡科伦坡—印度加尔各答—肯尼亚内罗毕—希腊雅典—意大利威尼斯

中心线：

中国青岛、连云港—中国郑州—中国西安—中国兰州—中国新疆—中

亚—欧洲

从"一带一路"新路线可以看出，一些古代重要港口依然被串联在内，它们必将重新焕发出夺目的光彩，同时又发展出许多新路线。能在海上丝绸之路占据一席之地的城市也将迎来新的发展契机。

海上新丝路　扬帆中国梦

中国梦不仅仅是中国人自己的梦想，也是一个连通世界人民，对接沿线国家各自梦想，寻求共同发展的梦想。中国梦的实现，不仅需要我们每个人的努力，也需要世界人民的助力。中国梦与世界梦是紧密相连的。中国梦自提出之日起就以善其身、惠天下为落脚点，而 21 世纪海上丝绸之路的提出就是中国梦与世界梦紧密相连的体现。21 世纪海上丝绸之路是新时期中国的一个发展战略，它以海上丝绸之路为线，将中国与东盟、南亚、西亚、北非、欧洲等各大经济板块相互连通。它将以点（城市和港口）带面，从线到片，发展起一个面向南海、太平洋和印度洋的战略合作经济带，不仅发展中国经济，更会带动沿线各国经济的发展，将中国的发展成果惠及世界。21 世纪海上丝绸之路的战略符合各方共同利益和共同要求，一个和平稳定、共同发展的世界是大家共同的梦想。相信我们的中国梦定会在 21 世纪海上丝绸之路战略的助力下扬帆远航。

碧海扬帆

后　记

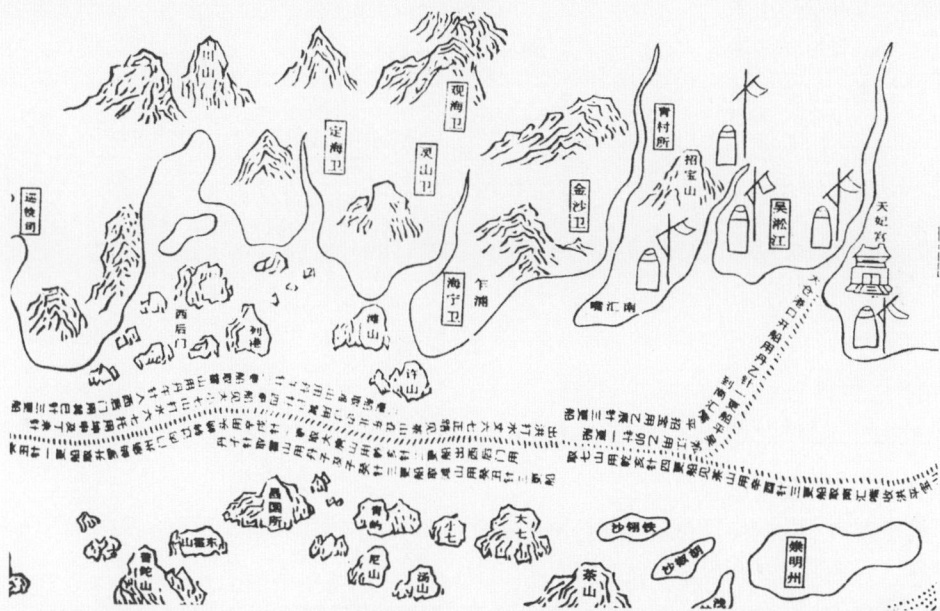

海上丝绸之路为世界文明史谱写了不可或缺的重要篇章，为中外贸易文化往来作出了巨大贡献。自秦汉兴起以来，海上丝绸之路就是联通东西方的重要桥梁、推动商业贸易发展的黄金路线。

海上丝路有我国先民的贡献，也有沿线各国人民的共同努力。通过海上丝路文化所形成的价值观，去寻找交往、融合、合作和共赢的发展新契机，是未来海上丝路发展的动力源泉。

"一带一路"从和平与发展的角度出发，提出了合作与对话的新框架，也给亚非欧等国提供了加强交流与理解的新视角。通过共建21世纪海上丝绸之路，构建和平稳定的周边环境，促进文化交流，保证民心相通，已成为沿线各国人民的共同意愿。

图书在版编目（CIP）数据

　　海上丝路 / 修斌主编 . – 青岛：中国海洋大学出
版社 , 2017.3
　　（中国海洋符号 / 盖广生总主编）
　　ISBN 978-7-5670-1120-5

　　Ⅰ.①海… Ⅱ.①修… Ⅲ.①海上运输 – 丝绸之路 –
文化研究 – 中国 Ⅳ.① K203

　　中国版本图书馆 CIP 数据核字 (2016) 第 072255 号

海上丝路

出 版 人	杨立敏			
出版发行	中国海洋大学出版社有限公司			
社　　址	青岛市香港东路23号			
责任编辑	邓志科　由元春　电话　0532-88334466			
图片统筹	张永美			
装帧设计	石　盼　王谦妮　陈　龙			
插　　图	王谦妮			
印　　制	青岛海蓝印刷有限责任公司		邮政编码	266071
版　　次	2017年3月第1版		电子邮箱	dengzhike@sohu.com
印　　次	2017年3月第1次印刷		订购电话	0532–82032573（传真）
成品尺寸	185 mm×225 mm		印　张	10
字　　数	135千		印　数	1–5000
书　　号	ISBN 978-7-5670–1120–5		定　价	32.00元

发现印装质量问题，请致电0532-88785354，由印刷厂负责调换。